PREMIÈRES NOTIONS

D'ÉDUCATION PHYSIQUE

RATIONNELLE

ET DE

RÉGÉNÉRATION DE LA RACE

A L'USAGE

DES ÉTABLISSEMENTS SCOLAIRES

DANS LES COLONIES

PAR

M. Ch. VAREILLES

Ancien externe des Hôpitaux de Paris
Directeur de l'Institut de Physiothérapie et de l'Académie de Culture Physique de Saigon
Lauréat de Concours athlétiques

SAIGON

—

IMPRIMERIE NOUVELLE ALBERT PORTAIL

—

1919

PREMIÈRES NOTIONS

D'ÉDUCATION PHYSIQUE RATIONNELLE

ET DE

RÉGÉNÉRATION DE LA RACE

A L'USAGE

DES ÉTABLISSEMENTS SCOLAIRES

DANS LES COLONIES

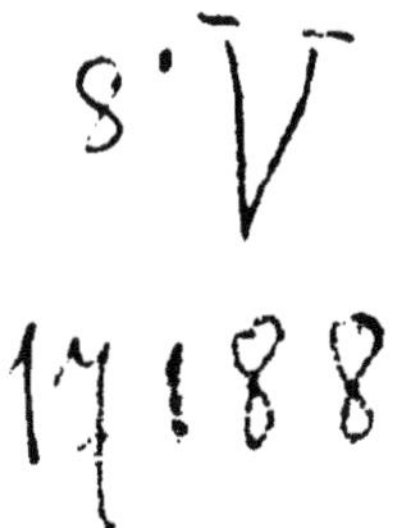

PREMIÈRES NOTIONS D'ÉDUCATION PHYSIQUE RATIONNELLE ET DE RÉGÉNÉRATION DE LA RACE

A L'USAGE

DES ÉTABLISSEMENTS SCOLAIRES DANS LES COLONIES

PAR

M. Ch. VAREILLES

Ancien externe des Hôpitaux de Paris
Directeur de l'Institut de Physiothérapie et de l'Académie de Culture Physique de Saigon
Lauréat de Concours athlétiques

SAIGON

IMPRIMERIE NOUVELLE ALBERT PORTAIL

1919

PRÉFACE

Mon cher VAREILLES,

J'ai lu votre livre, d'abord dois-je vous l'avouer avec quelque scepticisme : j'en ai tant lu de ces manuels qui prétendent à mettre à la portée de tous, les éléments compliqués d'un science quelconque et qui, en réalité ne font que troubler, plus ou moins, l'entendement de ceux qui veulent substituer au professeur leur propre initiative.

Eh ! bien, je l'avoue volontiers : vous m'avez convaincu ! Votre méthode est simple, lumineuse. Les explications sont faciles à saisir, les exemples tangibles ! On commence la méthode et peu à peu l'idée dominante s'en dégage ; elle se résume en ces deux mots : *Clarté, Logique !*

• Je veux espérer, mon cher Vareilles, que vous serez beaucoup lu et que votre méthode sera répandue dans l'Indochine tout entière. Je me permets de la recommander chaleureusement ; c'est faire œuvre utile ! Votre livre est bien fait, bien écrit, votre méthode est bonne. Toutes mes félicitations !

Saigon, le 11 novembre 1919.

Ernest OUTREY
Député de la Cochinchine.

OPINION MÉDICALE

MONSIEUR VAREILLES,

J'ai lu votre méthode de culture Physique destinée à la vulgarisation dans notre colonie d'Indochine.

C'est une excellente chose pour les adeptes de la culture physique, d'en connaître le but précis et d'avoir présentes à l'esprit les quelques notions anatomiques et physiologiques que contient ce petit livre.

La question de l'entraînement progressif, dosé part des professionnels du sport, est trop à l'ordre du jour actuellement pour être discutée.

Votre effort est louable et nul ne peut douter qu'il sera couronné de tout le succès mérité. Vous ne cherchez pas à créer exclusivement des athlètes ; vous voulez maintenir en bon état de santé les enfants et les adultes, améliorer la structure physique de ceux qui sont déficients.

A chacun, suivant sa résistance, sera dosé le travail journalier, et comme tous les maîtres de culture physique qui ont appliqué les principes que vous énoncez, vous aurez pour tous de bons résultats.

Le travail progressif de tous les muscles est intéressant ; celui des muscles de l'abdomen le sera d'autant plus que les affections du tube digestif sont infiniment nombreuses dans la colonie. Ptoses consécutives aux dilatations d'estomac ; entérites, entérocolites *de toutes natures, créant elles-mêmes des ptoses intestinales souvent douloureuses et pénibles. Ptoses créées par des maternités répétées.*

Nous avons, médecins, un remède contre ces affections dans les ceintures orthopédiques du type Glénard.

Par vos méthodes de culture physique vous devez les améliorer ou même les éviter, avant qu'elles ne se produisent. Vous renforcerez les sangles abdominales, *ces vastes sangles* musculo-aponévrotiques *si fragiles et si promptes à céder devant la poussée intestinale.*

L'adiposité, *si fréquente et si dangereuse dans nos colonies se trouvera efficacement combattue par une heureuse répartition du travail musculaire.*

Je n'ai fait qu'envisager, jusqu'ici la question médicale pure et le bénéfice que pourraient retirer, certaines catégories de malades, de la culture physique rationnelle.

Mais il y a d'autres côtés de la question à considérer. La culture physique et la pratique des sports, donnant aux membres la souplesse, la force et la rapidité d'action, créent des aptitudes multiples qui sont reconnues et appréciées depuis l'Antiquité.

Permettez-moi de souhaiter à la méthode que vous professez tout le succès qu'elle mérite et qu'elle ne manquera pas d'avoir dans l'avenir.

Saigon, le 17 novembre 1919.

Docteur Roton.
Médecin-major des troupes coloniales.
Chirurgien de l'Hôpital militaire

INTRODUCTION

« LUDUS PRO PATRIA »

Plus que jamais, au lendemain de la « Grande Guerre », il faut sonner l'alerte si nous ne voulons pas que tous les efforts, toutes les privations, tous les sacrifices qui ont été consentis par nos héros pour la Patrie et ses enfants, soient sans conséquences. La Paix signée, une seconde mobilisation s'impose, celle des bonnes volontés, des cœurs généreux, des esprits conscients de notre décadence physique et que l'avenir de nos enfants inquiète, pour combattre avec énergie ce mal qui étreint si durement notre génération et qui l'entraîne chaque jour davantage vers l'abîme.

Ce sera faire œuvre vraiment patriotique.

Songeons à l'avenir, si nous voulons éviter que notre race ne périsse à tout jamais !

L'industrie, les sciences physiques et morales sont dans une ère de progrès qui n'a jamais été aussi florissante que de nos jours.

Mais il existe une science, vers laquelle tous les esprits doivent être tendus et dont nous devons nous préoccuper plus particulièrement, parce que d'elle dépend notre bonheur, notre avenir, c'est la science de la vie.

L'être humain, en général, n'a pas suffisamment conscience de sa faiblesse physique, lorsqu'il se compare à tous les êtres dont le Créateur tout-puissant a semé l'Univers. Une constante préoccupation d'augmenter ses facultés physiques et mentales devrait l'amener à devenir, si l'on peut ainsi s'exprimer, un être surhumain.

Il semble bien, l'Histoire est là pour nous en donner une preuve, que depuis les temps les plus reculés l'homme a de plus en plus progressé dans le développement de ses facultés mentales. Il n'en est malheureusement pas ainsi de ses facultés physiques. Il apparaît comme trop évident, cela s'entend pour la généralité, que l'homme a toujours sacrifié son corps à son esprit, ce qui l'a mené à cette décadence physique dont il ne se relèvera qu'au prix d'énergiques efforts qui ne seront plus pour lui qu'un jeu d'enfant lorsqu'il sera convaincu que pour bien vivre il faut être fort et qu'être fort c'est vivre heureux et longtemps.

Sortons de cette torpeur qui nous amollit et nous avilit, révoltons-nous, piqués par notre amour-propre, contre cette faiblesse qui ne peut créer que des impuissants, faisons table rase de tous ces malaises qui empoisonnent notre existence, pour nous permettre de lutter victorieusement avec les éléments de toutes sortes déchaînés sans cesse contre nos armes trop faibles.

Nous obtiendrons ainsi une grande satisfaction de l'acte accompli, acte de courage, de persévérance et de dévouement à une noble cause.

C'est précisément du désir d'accroître l'énergie des caractères et la vigueur de la mentalité que sont nés les exercices athlétiques, une des principales préoccupations de la vie sociale dans l'antique Grèce. Ce nous est une preuve indéniable que les Hellènes ont fait de l'Esprit un corollaire de la Puissance. Alcibiade,

Socrate et Platon acquirent en admirant les allètes et en partageant leurs exercices les principes d'une philosophie merveilleuse. Pour ces grands philosophes, développer notre corps c'est élever nos facultés mentales, la Force est mère de l'Esprit.

En ce temps-là, ce n'était qu'après avoir donné à son corps sa ration quotidienne de travail qu'on accordait à l'esprit le droit de se manifester en aperçus ingénieux, en théories philosophiques.

C'est probablement pour cela que les productions de l'esprit antique demeurent un éternel objet d'admiration.

Les Grecs, qui atteignirent la perfection dans l'art d'amener le corps humain à son développement normal, ne soumettaient aux durs exercices du Pentathle (1) *que les éphèbes modelés — sous la direction du* Pédotribe (2) — *par des mouvements et des exercices systématiques, ce que nous appelons aujourd'hui la Culture Physique rationnelle.*

La vie antique ne permettait à personne d'être impotent, et c'était déjà un crime d'être laid !

Suivons ce noble exemple ! Le culte du développement corporel paraît fournir le remède propice à la

---

(1) Le *Pentathle* était l'ensemble des cinq jeux sportifs par lesquels les jeunes Grecs entretenaient la forme de leur corps et la valeur de leurs muscles. Le *Pentathle* comprenait la lutte, le saut, la course, le jet du disque et le lancement du javelot.

(2) Ainsi s'appelait le maître de gymnastique. Ce nom se traduit littéralement : Pétrisseur ou *modeleur* d'enfants. Cela définit le rôle de ce maître et indique aussi le but qu'il se proposait.

guérison de notre infirmité publique en produisant des forces neuves.

Créons des cours obligatoires d'éducation physique dans les écoles, encourageons les enfants à pratiquer avec cœur les exercices qui feront d'eux dans l'avenir des hommes robustes et bien constitués. Apprenons-leur pourquoi et comment ils doivent soumettre leur corps à la pratique d'une méthode de culture physique rationnelle ; efforçons-nous de leur prouver que dans son application réside le secret de leur salut et celui du bien-être physique et moral de la race future. Soyons convaincus de la vérité de cet axiome, plus évident que jamais, formulé par un vieux docteur aux idées clairvoyantes : « **Toute la force et toute l'intelligence d'une race dérivent de la santé physique de l'enfant** ».

C'est afin de parvenir à ce noble but, que je vais tenter d'exposer, le plus clairement possible, dans ce petit ouvrage, la méthode que je préconise comme devant fournir les meilleurs résultats pour le rétablissement physique de notre race et dont l'application n'offre aucun danger, même sous le climat déprimant de l'Indochine.

Cette méthode est rationnelle, analytique *et* médicale.

Eduqué physiquement moi-même dans sa pratique, lauréat de concours de culture physique, champion de France et International de Football-Rugby, je l'ai perfectionnée pour en faire une méthode spéciale, très précise dans son but, ses moyens et ses résultats. Ancien externe des hôpitaux de Paris, j'ai étudié spécialement ses effets au point de vue anatomique et physiologique ; j'ai expérimenté non seulement sur des enfants sains et bien formés, mais surtout sur des enfants chétifs, déviés, et très souvent atteints de maladies chroniques. Toujours, je peux l'affirmer, cette méthode a été couronnée de succès. Elle régénère et elle guérit.

Rationnelle *et* **médicale**, *voilà deux mots qui précisent nettement son but. Ils impliquent également qu'une réforme sérieuse des anciennes méthodes d'enseignement de la gymnastique dans les écoles s'impose et devient urgente.*

Ch. VAREILLES.

But d'une Méthode de culture physique rationnelle

Ses Avantages. — Ses bienfaits

La méthode qui est encore aujourd'hui enseignée dans la plupart des établissements scolaires, est presque exclusivement une gymnastique avec agrès, à laquelle on adjoint, comme complément, l'emploi d'haltères dont le poids est souvent trop lourd pour des enfants et des débutants.

Cette méthode ne peut convenir à de jeunes anatomies en voie de formation. Les mouvements qu'elle exige sont pénibles et provoque infailliblement le surmenage physique, les courbatures et les efforts. Elle produit des déformations parce qu'elle est incomplète. N'avez-vous jamais remarqué que la partie supérieure du corps des gymnastes était développée aux dépens de la partie inférieure ? Développer les muscles pectoraux, par exemple, est appréciable, mais donner aux poumons une grande capacité respiratoire, au thorax un pouvoir d'extension suffisant, est encore mieux. Enfin, le maniement des poids lourds entraîne souvent de regrettables accidents.

Cette méthode de gymnastique ne doit pas être appliquée à des enfants, à des débutants qui ne sont pas encore aptes à la pratiquer. Il est vain de demander des gestes adroits, énergiques ou harmonieux à des corps chétifs, alourdis ou tarés.

Le même reproche d'ailleurs peut s'adresser aux *Sports Athlétiques*. La course à pied, le football, l'aviron, la boxe, la lutte augmentent merveilleusement la valeur physique et morale des sujets déjà bien doués en muscles, en poitrine et en cœur. Mais ils rebutent ou claquent ceux qui les abordent sans les qualités psychiques ou corporelles nécessaires. Ils constituent un mode de sélection féroce qui extrait quelques champions d'une foule de vaincus.

La méthode suédoise, pratiquée surtout dans les écoles de jeunes filles, quoique sans danger, est insuffisante. Malgré l'élégante souplesse obtenue par les élèves qui s'y adonnent, elle ne me paraît pas suffisamment développer en nous cette vigueur étincelante qui est la caractéristique des moyens physiques et intellectuels de notre race.

Donc, il est à craindre, si on érige en méthode d'éducation physique élémentaire la pratique des sports athétiques et celle de la gymnastique d'agrès, qu'on ne fasse fausse route en leur confiant l'éducation corporelle de nos grêles écoliers.

Mais de ce qu'un sujet est inapte à la pratique des sports, il ne s'ensuit pas qu'il ne puisse bénéficier des prodigieux effets de l'exercice sur la santé et acquérir, dans certains cas, un robuste et harmonieux corps d'athlète. Il lui suffit de commencer par le commencement, de se fabriquer des muscles avant de vouloir s'en servir.

C'est parce que le muscle est éminemment plastique, *fabricable à volonté*, que la culture physique rationnelle et médicale peut se constituer en méthode de développement corporel et qu'elle représente la vraie et seule « *gymnastique primaire* ».

Car en éducation physique, il faut avant tout donner au corps *sa forme*.

La forme est la caractérisque de l'être vivant. Toute atteinte à la forme est une atteinte à la vitalité. Toute déchéance de la santé s'accompagne d'une dégradation de la forme.

Et, réciproquement, toute restitution de la forme détermine une amélioration de la santé. Comme c'est la musculature qui maintient le corps dans sa forme, développer harmonieusement les muscles revient à doter le corps de sa meilleure forme, donc de sa plus belle santé et de sa plus grande force.

Second point, d'aussi grande importance : l'appareil musculaire influence considérablement par son fonctionnement les actes nutritifs, régularise les fonctions du cœur, des poumons, du foie et des autres organes, il favorise dans la plus large mesure les échanges intra-cellulaires qui caractérisent et règlent la vie.

A toutes les maladies de la nutrition, à toutes les affections chroniques, à tous les amoindrissements de la vitalité correspond un appareil musculaire insuffisant, dégénéré ou inactif. Si l'on donne à cet appareil musculaire son développement normal, il devient capable du fonctionnement qui assure aux échanges nutritifs leur rythme normal. Ce qui veut dire que, par la culture physique, par le développement musculaire méthodique, la plupart des maladies chroniques peuvent guérir.

Lorsque le corps a été modelé dans sa forme normale par la culture physique, on peut l'entretenir en force, en santé et en beauté par les mêmes exercices qui l'ont amené en cet état. Car la culture physique se suffit à elle-même.

C'est alors qu'on peut faire affronter à ce corps ainsi modelé les plus rudes compétitions athlétiques ; on peut lui imposer les tâches manuelles les plus ingrates, ou les gymnastiques les plus fantaisistes : il ne pourra que bénéficier des actes musculaires qu'on lui imposera, car il est doté de ce qu'il faut pour n'en pas souffrir.

L'enfant

Source de notre vigueur nationale

L'efficacité de cette méthode de culture physique ne pouvant prêter à aucun doute, à qui devons-nous l'appliquer tout d'abord ? Ce sont nos enfants qui doivent en profiter les premiers, car d'eux naîtra une race nouvelle, une race régénérée.

La race humaine entière a perdu l'instinct primordial du développement et de l'entraînement de soi-même, si essentiels au bien-être parfait. Nous devons, par tous les moyens possibles, essayer de le faire revivre. Nous devons nous féliciter de ce que les enfants aient généralement une faculté extraordinaire d'acquérir les habitudes physiques de toutes sortes. Dans leurs années de jeunesse, ils font preuve d'un caractère particulièrement tenace et, à mesure qu'ils grandissent, ils deviennent de plus en plus attachés à ces exercices, tout en augmentant leur santé et leur force.

Le principal souci des parents doit être de bien se rendre compte que les habitudes physiques qu'acquièrent nos enfants sont admirables pour la santé. Il est aisé, par conséquent, de comprendre quelle importance on peut attribuer à l'entraînement attentif des petits, pour leur apprendre la façon correcte de respirer, de se tenir et de marcher et pour faire travailler chez eux toutes les fonctions musculaires conscientes.

Il est bien évident qu'un semblable régime sera suivi d'*habitudes* correctes de toutes les fonctions inconscientes de l'être, telles que les pulsations du cœur, la digestion et les sécrétions.

Le corps humain est un tout complet ; si l'une de ses parties souffre, les autres s'en ressentent. C'est là une preuve que les exercices de culture physique n'ont pas seulement pour but de fortifier les muscles apparents. Ils fortifient les couches intérieures des muscles comme les couches superficielles. Tous les organes reçoivent les bienfaits des mouvements et en profitent. Le cœur envoie plus vigoureusement le sang aux artères et aux poumons ; les reins, l'estomac fonctionnent d'une façon plus régulière.

Nous entendons souvent parler d'enfants souffrant non seulement de tous les maux qu'on appelle maladies de l'enfance, mais aussi des indispositions diverses que l'on croyait autrefois provenir seulement de la croissance. Il est incontestable que la débilité de l'enfance est due, la plupart du temps, au manque d'exercice.

Par la pratique de cette méthode de culture physique, toutes les difformités ne seront plus à redouter, j'entends par là celles qui sont si fréquemment remarquées chez les enfants, dans les écoles. Nous n'aurons plus à craindre que nos petits, s'ils sont entraînés méthodiquement, aient l'épine dorsale déviée, les épaules rondes ou voûtées, la poitrine rétrécie, les jambes tordues ou les muscles défectueux. Des qualités aussi précieuses ne sont pas seulement le résultat du développement, mais de l'entraînement précoce et de la culture physique appropriés à l'enfance.

D'autre part, après avoir ainsi amélioré physiquement l'être humain, l'œuvre de la nature sera facilitée pour la reproduction et permettra à la génération suivante d'être mieux constituée et de se rapprocher de plus en plus de la perfection. Ainsi nous augmenterons la vaillance de nos concitoyens, nous prouverons, mieux que jamais, que la France est une nation invincible.

Voilà les idées essentielles sur lesquelles se fonde la théorie de la culture physique rationnelle et élémentaire.

Je suis convaincu, comme le seront d'ailleurs tous ceux qui l'auront pratiquée, qu'elle est le meilleur moyen de formation corporelle et le procédé de traitement le plus rationnel de beaucoup d'infirmités et de maladies chroniques.

Division de la méthode

Les exercices physiques qui composent la méthode que j'emploie comme le meilleur générateur des forces vitales, peuvent se diviser en quatre groupes :

1° **Gymnastique Respiratoire**. (Éducation de la respiration).

2° **Gymnastique Myologique ou Morphologique**. (Mouvements localisés).

3° **Entraînement progressif du Cœur et de la Respiration**. (Mouvements généralisés à intensité moyenne).

4° **Les Sports, les Jeux**. (Mouvements généralisés à grande intensité).

Le premier groupe comprend les procédés de gymnastique respiratoire. L'exercice produit une absorption intense d'oxygène. Celui qui veut bénéficier des heureux effets de l'exercice, doit, par conséquent, posséder un appareil respiratoire en parfait état ; il lui faut adapter ses poumons au travail soutenu qu'il leur impose.

Dans le second groupe d'exercices, on doit ranger tous ceux dont le but direct est le développement des muscles. Ce sont des mouvements de gymnastique myologique ou morphologique.

Ces mouvements constituent la culture physique proprement dite ou culture physique élémentaire. Ils localisent la contraction dans un groupe musculaire déterminé, de façon que ce groupe fournisse des efforts suffisants pour qu'il s'accroisse en force et en volume sans que l'organisme subisse aucun des phénomènes, essouflement, accélération du cœur, fatigue nerveuse, qui résultent d'un exercice généralisé, même léger. Ce sont des mouvements *« localisés »*.

Dans le troisième groupe figurent les exercices destinés à l'entraînement du cœur et de la respiration. Ce sont des mouvements « *généralisés* ».

Le quatrième groupe comprend tous les moyens d'utiliser, d'entretenir et de perfectionner la musculature acquise par les procédés des trois premiers groupes. Les Spòrts, les Jeux, les exercices militaires et même certaines professions rentrent dans cette catégorie. Les jeux et les sports, qu'on doit interdire aux malingres, aux obèses graves, aux vieillards, à tous ceux qui ne sont pas adaptés ou n'ont pas été réadaptés à l'exercice par les mouvements rythmés et localisés, sont non seulement utiles, mais indispensables à ceux qui possèdent une bonne santé naturelle ou qui ont acquis par la culture physique pure leur développement musculaire normal.

Parmi les exercices de gymnastique respiratoire, je n'en décrirai qu'un, le principal, car je ne crois pas qu'il convienne d'exagérer l'importance du « mouvement respiratoire ». S'il est indispensable à toute méthode de valeur, il ne peut constituer à lui seul une méthode.

Je décrirai ensuite les mouvements élémentaires et principaux de culture physique. Je ne puis les décrire tous, car leur description complète ferait l'objet d'un volume spécial. Je me bornerai simplement à décrire un ensemble de mouvements constituant une « série » suffisante pour des débutants

Enfin, je donnerai quelques brèves appréciations sur les jeux et les sports, la pratique de chacun d'eux exigeant une étude approfondie et particulièrement documentée.

PREMIER GROUPE

GYMNASTIQUE RESPIRATOIRE

L'insuffisance du fonctionnement des poumons est considérable chez la plupart des gens de notre époque. Nous ne savons plus respirer. C'est un organe atrophié.

Si nous ne savons pas respirer, c'est que, par notre inactivité physique, nous avons réduit au minimum les besoins de notre organisme en oxygène. Un bel animal humain, bien développé musculairement, entraîné à une dépense physique normale, respire nécessairement avec calme, amplitude et vigueur. On n'acquiert pas la force, on n'augmente pas le volume et la qualité de ses muscles, au moins jusqu'au degré où nous voulons les développer, sans avoir des poumons sains et solides. Quand l'athlète ne peut renouveler un tour de force, ce n'est pas le muscle qui faiblit chez lui, ce sont les poumons ou le cœur.

Si nous avons la plus grande peine à nous soumettre à un entraînement physique quelconque, cela tient à ce que notre appareil respiratoire s'est ankylosé, faute de servir. Aussi, puisque nous commençons à être convaincus que la culture physique, la pratique rationnelle des sports, sont les panacées qui peuvent d'abord nous régénérer, puis nous entretenir longtemps en force, en souplesse et en intelligence, il faut bien nous soumettre en premier lieu à la rééducation de notre fonction respiratoire. Ce n'est qu'à cette condition que nous pourrons demander à nos muscles les bienfaits qu'ils nous peuvent accorder.

La gymnastique respiratoire ne constitue qu'une partie de la culture physique ; sa pratique peut même n'être que transitoire ; mais, quatre-vingt-dix neuf fois sur cent, il est bon de commencer par là la régénération physique.

Technique du mouvement respiratoire

Inspiration par soulèvement du thorax.

Expiration par contraction de la paroi abdominale.

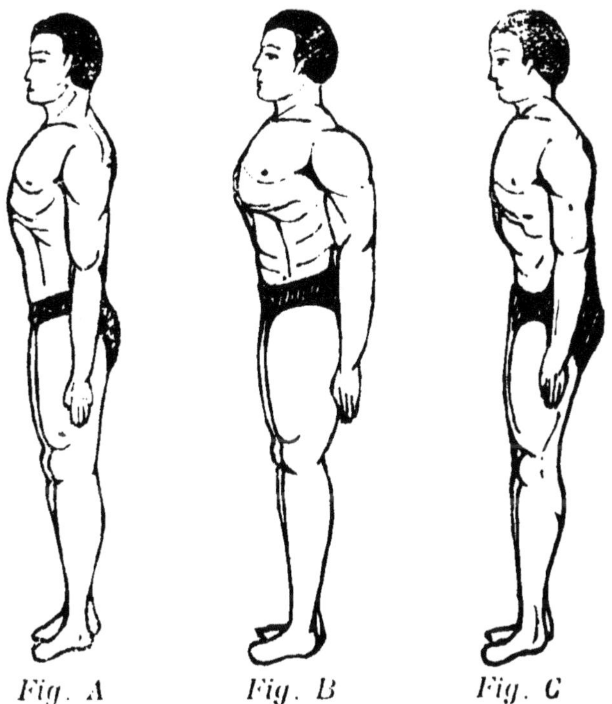

Fig. A *Fig. B* *Fig. C*

1° *Position de départ* (Fig. A). — Se tenir debout, légèrement penché en avant, la tête droite, les bras le long du corps, les talons réunis (position du soldat au « garde-à-vous »).

2° *Inspiration*. — Inspirer lentement et progressivement

par le nez (1), la bouche fermée. jusqu'à ce que la poitrine soit complètement gonflée. A mesure que l'inspiration se produit, la poitrine se soulève, le ventre se creuse et les épaules se rejettent légèrement en arrière.

3° *Position d'inspiration complète* (Fig. B). — Demeurer deux à trois secondes la poitrine pleine d'air, bien bombée en avant, les épaules effacées, le ventre creusé.

4° *Expiration. — Début de l'expiration* (Fig. A). — Garder la bouche fermée. L'air doit être chassé par les narines (1) aussi lentement qu'il a pénétré ; et, au fur et à mesure de son expulsion, les côtes s'abaissent, les épaules reviennent légèrement en avant.

L'expiration doit avoir une durée égale à l'inspiration.

5° *Fin de l'expiration. — Position d'expiration complète.* — (Fig. C.). — Chasser des poumons la plus grande quantité d'air possible.

Il importe de soigner particulièrement ce temps terminal de la respiration ; l'insuffisance de la fonction respiratoire résulte, en effet, tout aussi souvent de l'imperfection de l'expiration que de celle de l'inspiration. Pour chasser de la poitrine les dernières gouttes d'air, la paroi abdominale doit se contracter énergiquement, en même temps que les côtes sont refoulées en bas par une pression exercée sur elles par les deux bras. L'état de viduité complète du thorax ainsi obtenue doit être conservé deux à trois secondes (de même qu'on a marqué un temps d'arrêt pendant l'inspiration maxima). Puis, on reprend l'inspiration, en évitant toute précipitation, malgré la véritable soif d'air produite par le *temps d'arrêt* en expiration.

Au début, il est assez difficile d'effectuer lentement ce mouvement respiratoire, et surtout de donner à chaque temps une durée égale.

---

(1) Le nez étant le conduit ad hoc par où l'air extérieur doit pénétrer dans les poumons, il est de toute nécessité d'inspirer par les narines, la bouche fermée. L'expiration doit se faire par la même voie. On recommande quelquefois d'inspirer bouche fermée et d'expirer bouche ouverte ; à mon avis, on a tellement la mauvaise habitude de respirer la bouche ouverte, qu'il y a tout intérêt à garder la bouche fermée pendant l'expiration, d'autant qu'il est plus facile de conduire ainsi l'expiration avec la lenteur nécessaire.

Il faut, tout d'abord, exécuter le mouvement respiratoire à une cadence assez vive en ne marquant que de courts temps d'arrêt et ne prolonger la durée de chaque mouvement qu'au fur et à mesure qu'on possède une technique plus parfaite. On saura qu'on a, à peu près, atteint eette echnique parfaite lorsque l'on pourra donner, sans malaise, à chacun des temps respiratoires, une durée de quinze secondes, c'est-à-dire, pour toute la respiration, une durée totale de trente secondes.

La gymnastique respiratoire a pour but également de développer les muscles de la respiration : le « *grand dentelé* », qui recouvre les huit côtes sur les côtés de la poitrine, sert à soulever les côtes dans l'inspiration; les « *grands droits* », qui composent le bouclier abdominal, servent à l'expiration en tirant les côtes en bas et en dedans.

Mouvements respiratoires
combinés
aux exercices de culture physique

Il est aisé d'imaginer des exercices respiratoires plus compliqués que celui que je viens de décrire et qui constitue l'exercice type de la méthode appliquée au développement de la cage thoracique.

Les principales transformations que l'on fait subir au mouvement respiratoire type, consistent à faire accompagner les *temps* inspiratoire et expiratoire de mouvements accessoires exécutés par les bras, le tronc ou les jambes.

En ouvrant ou en élevant les bras pendant l'inspiration, on peut aider la cage thoracique à s'épanouir ; en les fermant ou les abaissant, on arrive mieux à pousser l'expiration à fond.

Exemple : Etant debout, les bras le long du corps, la tête droite et les talons réunis, élever les bras latéralement et lentement au-dessus de la tête, en inspirant pendant toute la durée de ce mouvement. Marquer un temps d'arrêt dans cette position, les bras devant être tendus et parallèles, le dos des mains se faisant face. Ramener ensuite les bras le long du corps par le même chemin qu'ils ont suivi dans l'inspiration en expirant le plus complètement possible. Aider à la plus complète expiration par une pression des deux bras sur les côtes.

De même, en fléchissant et en redressant le tronc, on facilite le jeu des muscles abdominaux expirateurs.

Tous ces mouvements respiratoires combinés ont donc leur utilité, à condition qu'on se souvienne que c'est le mouvement type qui éduque le mieux la fonction respiratoire, parce que sa simplicité permet d'en surveiller scrupuleusement l'exécution.

Il est inutile de décrire à part les mouvements respiratoires combinés, car cette description ferait double emploi avec celle des mouvements de développement musculaire. La plupart de ces mouvements permettent qu'on leur associe un exercice respiratoire. En les décrivant, j'indiquerai sur quel *temps* doivent se faire l'inspiration et l'expiration.

Tout débutant en culture physique a intérêt à associer l'exercice respiratoire à la plupart des mouvements de culture musculaire ; cela pendant au moins un mois. Puis on peut supprimer la coordination du mouvement et de la respiration dans le tiers ou les trois-quarts des exercices, en faisant porter cette suppression sur les mouvements qu'il est nécessaire d'exécuter avec vitesse ou énergie pour en obtenir de bons résultats.

En principe, les mouvements abdominaux doivent toujours être accompagnés d'exercices respiratoires parfaitement coordonnés.

DEUXIÈME GROUPE

GYMNASTIQUE MYOLOGIQUE

Le rôle des muscles

Il faut que nous soyons bien persuadés que sans la pratique de la culture physique, il ne peut y avoir ni force musculaire, ni beauté corporelle. La force paraît à la plupart des gens d'une nécessité contestable dans ce siècle où l'échange de deux balles sans résultat peut régler toutes nos querelles, où le sergent de ville est appointé pour nous préserver de toute attaque, et où, surtout, le pousse-pousse, l'auto et le chemin de fer nous épargnent le moindre effort quand nous avons à nous transporter pour nos affaires ou notre plaisir.

Quant à la beauté de notre corps, n'en parlons pas ; les tailleurs sont là pour nous procurer des formes factices.

Aussi, pour convaincre nos contemporains de l'absolue nécessité de donner quelque soin à leur musculature, faut-il leur faire considérer la puissance d'action de cette musculature sur le développement et l'évolution mêmes de l'organisme.

Par la place qu'ils occupent les muscles donnent évidemment à notre corps sa forme ; par leur contraction, ils nous font moúvoir ; et c'est lorsqu'ils remplissent parfaitement ces deux fonctions qu'ils nous donnent la beauté et la force. Mais en fournissant leur travail, les muscles consomment une grande quantité d'éléments nutritifs; lorsqu'ils se mettent en action, ils deviennent le siège d'intenses combustions.

Pour subvenir à ces combustions, ils font appel à tous les matériaux emmagasinés et élaborés par les appareils digestif et respiratoire ; ils font appel aussi à l'activité des organes éliminateurs : reins, poumons, glandes sudoripares. En somme, par le travail musculaire, les échanges nutritifs -- *dont la vie n'est qu'un résultat* — se trouvent stimulés et accélérés.

La masse des muscles représente plus de la moitié du poids total de notre corps : c'en est la portion essentiellement active, celle dont nous pouvons régler directement le fonctionnement.

Ainsi, le régulateur principal des échanges nutritifs, l'appareil dont la fonction fait immédiatement appel aux facultés assimilatrices, le *grand consommateur* d'oxygène, d'eau et de carbone, le puissant épurateur qui brûle, dissocie, solubilise les déchets afin qu'ils soient facilement éliminés par nos émonctoires, en un mot, le système musculaire est placé directement sous les ordres de notre volonté. Nous pouvons régler son travail à notre guise, puisque nous pouvons, au choix, croupir dans la plus honteuse indolence ou nous épanouir en force et en santé par la pratique régulière de l'exercice.

Ainsi nous pouvons régler nous-mêmes l'intensité de nos échanges nutritifs, ce qui revient à régler notre propre vitalité. Nous pouvons choisir entre une nutrition parfaite, la consomption ou la pléthore. Nous pouvons avoir un organisme à dépuration parfaite, libre de scories et de graisse, ou nous résoudre à souffrir d'obésité, d'arthritisme et d'intoxication.

Le choix à faire ne laisse aucun doute, le bon sens seul l'indique. Puisque l'être humain a une profonde horreur de la souffrance, il doit préférer sans hésiter une solide constitution qui lui épargnera souvent d'être à l'épreuve des sensations douloureuses qui nous sont infligées par une foule innombrable de maladies dont notre corps est la proie, à chaque instant de notre existence. Cette constitution robuste il peut l'acquérir avec certitude par la pratique raisonnée de la culture physique.

La correction et la cadence des mouvements

Le but immédiat d'un mouvement de culture physique est de donner du travail à un groupe de muscles, de façon à le développer en volume et en force.

On l'exercera donc, mais comment ?

L'être, même le plus vigoureux, a besoin d'apprendre à s'exercer. Les muscles, pour être normalement développés, doivent être assouplis, entraînés, disciplinés et soumis à l'action de la volonté. Ils ne seront tels que s'ils ont été soumis à un entraînement progressif et méthodique.

Cette progression varie avec la nature du sujet, son âge, son tempérament, sa constitution, ses insuffisances anatomiques et physiologiques. C'est pourquoi il est essentiel, après un examen détaillé de l'élève, de lui faire suivre la progression qui lui convient le mieux. Elle est obtenue par l'augmentation du nombre des mouvements, par leur durée et leur vitesse d'exécution, par l'accroissement de la difficulté.

C'est en raison de ce but précis que les mouvements sont assez nombreux, car chaque groupe musculaire, étant capable de travailler dans des sens différents, a besoin de plusieurs mouvements pour se développer harmonieusement dans tous ses éléments.

Il est fort important de comprendre que le mouvement n'agit pas essentiellement par la direction et la forme qu'il donne aux contractions musculaires, mais surtout par la quantité de travail qu'il impose aux muscles.

C'est pour cela que *l'exécution correcte* des mouvements ne doit pas faire l'objet des exigences essentielles du professeur et de l'attention complète de l'élève.

Or, il se produit généralement le contraire. Le professeur qui exécute à la perfection les mouvements qu'il pratique depuis longtemps, demande à son élève de manœuvrer avec la plus grande correction.

Je me hâte d'ajouter que cela n'est pas le principal défaut des professeurs de culture physique modernes ; c'est un reproche que l'on peut faire surtout aux adeptes de la gymnastique que l'on préconisait jusqu'à ces temps derniers comme la seule médicale et scientifique : la *Gymnastique suédoise*. Cette méthode suédoise accorde une importance essentielle aux « *positions de départ* », aux attitudes à prendre et à l'exécution scrupuleuse des moindres gestes.

Or, on exige cela d'un débutant, c'est-à-dire, en général, d'un enfant grêle et chétif, dépourvu de tout sens musculaire, incapable même de se tenir correctement en station droite. Ou bien, il s'agit d'une jeune fille qui n'a pas la moindre idée de ce qu'est une contraction musculaire, et qui, bien souvent, habituée à être maintenue dans une position artificielle par son corset serré et ses talons hauts, ne peut concevoir qu'elle puisse se maintenir droite par le simple effort de ses muscles. D'autres élèves sont des obèses pléthoriques dont tous les mouvements sont réduits au minimum d'amplitude et dont le système articulaire s'ankylose tous les jours davantage.

Avant d'imposer à de tels élèves des positions de départ correctes et une exécution parfaite des mouvements, même les plus simples, il faudra de longues et fastidieuses leçons qui n'auront pas la moindre influence sur le développement musculaire.

Après des mois d'un travail ingrat, on n'aura obtenu aucun élargissement du champ respiratoire, aucune tonification du cœur, aucun accroissement de la musculature, car toutes ces choses ne s'acquièrent que proportionnellement au travail mécanique fourni par les muscles. Et l'élève sera aussi gêné dans tous ses gestes qu'il l'était au début, car ses muscles, demeurés grêles ou infiltrés de graisse, n'ont aucune raison d'être plus adroits.

La gymnastique ainsi comprise est, d'ailleurs, tellement ennuyeuse que rarement l'élève persévère longtemps.

Ce qu'il faut d'abord demander au débutant en culture physique, c'est du « *mouvement* », celui-ci étant la condition première de la vie. Ce mouvement devra, certes, être *localisé* dans des groupes musculaires bien déterminés, afin qu'il n'entraîne aucune fatigue générale, aucun effort du cœur, aucune intoxication de l'organisme. Mais du moment que la localisation est à peu près assurée, il faut laisser l'élève exécuter le mouvement à sa fantaisie, ou plutôt avec la correction toute relative que lui permettent son insuffisance musculaire et sa maladresse.

De cette façon, en lui imposant une vingtaine de mouvements bien choisis, mouvements répétés chacun de cinq à vingt fois, on obtient qu'il accomplisse un travail effectif, qui sollicite l'approfondissement de sa respiration et l'accélération du cours sanguin, et qui entraîne en même temps une plus grande intensité des échanges organiques.

En raison de la maladresse des mouvements, les résultats seront assez minces aux premières séances; mais cela n'est pas à regretter, puisque aussi bien l'organisme est incapable de supporter plus.

A travailler ainsi avec une correction plus que médiocre, les muscles arriveront peu à peu à gagner plus de solidité et plus d'adresse ; dès lors, le mouvement se fera de plus en plus correctement.

Aussitôt que les mouvements très simples sont exécutés avec une correction suffisante, on fait entreprendre à l'élève des mouvements plus compliqués qu'aux premières tentatives il ne peut exécuter que très imparfaitement. Mais la correction vient aussi pour ces mouvements complexes, en même temps que le développement corporel s'achève et que toute la musculature s'épanouit en harmonie et en force.

On peut imaginer en culture physique des mouvements extrêmement difficiles et qui ne peuvent être exécutés que par de véritables athlètes, parfaitement entraînés. On conçoit que l'élève qui arrive à exécuter de tels mouvements avec la correction nécessaire prouve par ce fait même qu'il est arrivé au summum de sa perfection physique.

Ainsi la correction des mouvements ne doit pas être considérée comme *le but de la culture physique, mais bien comme son résultat.*

On peut dire aussi que dès qu'un élève exécute un mouvement à la perfection, ce mouvement ne lui est plus utile qu'à titre de mouvement d'entretien, et qu'il lui en faut imposer d'autres où ses muscles aient l'occasion d'acquérir plus d'agilité, de souplesse et de force.

Ces idées paraissent assez simples ; mais il ne fait aucun doute qu'elles n'ont été jusqu'ici guère mises en pratique.

Rappelons-nous les séances de gymnastique du collège (quand nous en avions) et les séances d'exercice à la caserne. Ce que l'on nous demandait, dès les premières leçons, c'était de la *tenue*, de *l'ensemble*, du *rythme*, de *l'énergie*, toutes les choses précisément que la pratique de la gymnastique doit donner et que l'on ne possède pas sans en avoir fait.

Il arrive aussi très fréquemment que certains professeurs exigent de leurs élèves l'exécution lente des mouvements, parce qu'ils pensent qu'il n'y a que de cette façon qu'ils sont efficaces. Car la lenteur leur permet de contrôler la correction des exercices, les attitudes des élèves, de surveiller la respiration. La cadence lente leur paraît moins fatigante que la vitesse. Le mouvement rapide leur semble, au contraire, provoquer l'essoufflement et la congestion.

Mais en interdisant la vitesse pour ces raisons, on commet une assez grave erreur, parce que l'on ignore ce qu'est en réalité la fatigue, ou plutôt parce qu'on ignore qu'il y a plusieurs sortes de fatigues, dont les unes sont à rechercher et les autres à éviter. Certes, par l'exécution des mouvements rapides, le muscle arrive plus tôt à épuiser sa capacité de travail. Mais il s'agit alors de fatigue musculaire, et c'est au moment même où cette fatigue se produit que l'exercice doit être cessé.

Car le mouvement *localisé*, mouvement caractéristique de la culture physique, a pour but d'atteindre la fatigue musculaire sans jamais la dépasser.

Par le mouvement lent, il est difficile d'atteindre la fatigue musculaire, non pas que le muscle ne se contracte suffisamment, mais parce qu'avant qu'il ait épuisé toute sa capacité de travail, la *fatigue nerveuse* intervient pour interrompre le mouvement. Cette fatigue nerveuse résulte surtout de l'attention que l'élève prête à ce qu'il fait ; elle provient aussi de l'état de contraction statique où demeurent tous les muscles du corps.

Il faut, en effet, remarquer que lorsqu'on exécute un mouvement, même très localisé, à une cadence très lente, toute la musculature intervient pour maintenir l'attitude correcte, de telle sorte que si l'on produit un mouvement « localisé », son effet est peu important en regard de ce que produit le travail *généralisé* imposé à tous les autres muscles de l'économie. Dans ces conditions, le mouvement localisé manque à son but, qui est de développer en force et en volume le muscle mis en jeu, en lui demandant des contractions successives.

Tout au contraire, pour qu'un mouvement soit exécuté avec vitesse, il est nécessaire que tout le corps garde une certaine souplesse et que tout le travail effectif se passe réellement dans le muscle qui accomplit le mouvement.

Cela est si vrai que lorsque l'on arrive à une vitesse excessive, tout le corps se met en état de relâchement au point que les muscles qui exécutent le mouvement ne trouvent plus des points d'appui suffisants pour donner à ce mouvement toute son amplitude ; ils travaillent en demi-flexion ; dans ces conditions, la localisation est évidemment moins bonne, et le résultat, au point de vue du développement, ne sera pas atteint ; mais cela, comme je l'ai dit, suppose une vitesse excessive que les élèves en culture physique ont rarement tendance à employer.

Pour donner une indication précise sur la cadence à suivre, on peut dire que l'on doit exécuter les mouvements localisés avec toute la vitesse compatible avec leur exécution correcte.

Cette formule laisse entendre que la vitesse ne peut être la même pour tous les mouvements. Il en est de très simples, de très *localisés*, qui déplacent deux segments de membre l'un sur l'autre ; ils peuvent être exécutés avec une vitesse assez grande. Ainsi, pour fléchir l'avant-bras sur le bras — mouvement qui développe le muscle *biceps* — on peut arriver à une cadence très rapide tout en obtenant des résultats des plus satisfaisants

Au contraire, dans l'exercice qui consiste, étant couché à terre, à redresser le tronc sur le bassin, l'amplitude du mouvement est telle qu'il ne peut être exécuté qu'à une cadence quatre ou cinq fois moins rapide que celle du mouvement précédemment cité. Mais cela n'empêche pas qu'il faut tendre à la plus grande vitesse possible, du moment que le mouvement n'est pas escamoté, qu'on se relève réellement dans la position assise et que l'on se recouche ensuite complètement sur le sol.

Certes, en travaillant vite, il sera beaucoup plus difficile au débutant de répéter les mouvements un grand nombre de fois. Après cinq, huit ou dix répétitions, il sera arrêté par la fatigue locale, l'essoufflement ou l'accélération des battements du cœur ; mais il lui est précisément inutile d'aller plus loin, et, du moment qu'il ne peut supporter que cinq, huit ou dix répétitions, il ne doit pas s'efforcer d'en faire plus, soit en passant outre à la fatigue, soit en prenant une cadence plus lente. Le but qu'il recherchait est bien atteint, et il doit passer à un autre mouvement. De jour en jour, il deviendra plus résistant et pourra se permettre un plus grand nombre de répétitions, de telle sorte qu'après un mois, peut-être davantage, il deviendra capable de répéter chaque mouvement de quinze à vingt-cinq fois, ce qui marquera le moment où le mouvement localisé aura donné tout son effet sur les muscles qu'il doit tonifier et développer.

Au point de vue du développement des muscles *en volume*, les mouvements exécutés à cadence vive n'ont pas une action aussi rapide que les mouvements exécutés avec lenteur et énergie ; mais cela n'a guère d'intérêt, car le volume obtenu par le travail lent ne correspond nullement à une augmentation de force ; il est d'ailleurs très factice, en ce sens qu'aussitôt que l'on cesse les exercices, le muscle, momentanément hypertrophié, retombe à ses premières dimensions. Au contraire, le travail à cadence vive, s'il fait augmenter moins rapidement le muscle en volume, n'en aboutit pas moins à cette augmentation, qui coïncide alors avec un réel développement de la force. Les résultats sont aussi d'une grande stabilité ; il faudrait que l'élève restât longtemps dans l'inactivité physique pour perdre ce qu'il a acquis.

Il y a encore quelques autres avantages à la cadence rapide : tout d'abord, l'absence de fatigue nerveuse ; quand un mouvement est rapidement exécuté, il est commandé non par le cerveau, mais par la moelle épinière, c'est-à-dire que ce mouvement devient purement automatique et ne fatigue nullement les centres nerveux.

En outre, l'accélération des battements du cœur tonifie progressivement le muscle cardiaque, de telle sorte qu'il s'entraîne et se fortifie en même temps que le reste de la musculature. Aussi, quand l'adepte de culture physique sera développé, il pourra user de sa force, sans avoir la crainte de surmener son cœur, qui pourra résister aux efforts dont ses muscles sont capables.

De même, le léger essoufflement provoqué par la vitesse approfondit la respiration et élargit le champ pulmonaire. Enfin, la sudation produite par les mouvements à cadence vive épure l'organisme, parce que cette sudation élimine une foule de produits toxiques.

Toutes ces raisons militent donc en faveur de la cadence vive pour les mouvements de culture physique, à condition que l'élève soit progressivement entraîné à travailler en vitesse.

De l'emploi des haltères

Avant d'entrer dans la description des exercices qui composent la première « série » de la méthode de culture myologique, dont l'ensemble des mouvements est suffisant pour obtenir un premier développement de la masse musculaire de l'élève, je dirai quelques mots au sujet de l'emploi et de l'utilité des haltères en culture physique.

Ces instruments ne sont pas d'une nécessité absolue dans l'exécution de tous les mouvements. L'on peut très bien, sans nuire aucunement aux bons effets de l'entraînement méthodique, supprimer leur emploi dans les exercices destinés à développer les muscles du ventre et des jambes. Par contre, leur usage est indispensable au développement, en force et en harmonie, des muscles du tronc et des membres supérieurs.

Si nous prenons, pour exemple, les mouvements destinés à développer la musculature de l'épaule, il convient nécessairement de prendre en mains des haltères ; car s'il est assez facile pour d'autres exercices d'opposer comme résistance à la contraction musculaire le poids de la partie du corps à soulever, la musculature de l'épaule est, en elle-même, assez volumineuse pour que le simple poids du bras, de l'avant-bras et du poing soit insuffisant pour lui constituer une résistance efficace.

Certes, sans haltères, on peut faire travailler les

muscles en exigeant d'eux une contraction supérieure à celle que nécessite le soulèvement de la main vide; on y arrive par un effort de la volonté qui contracture le muscle sur une résistance réalisée par la tension des muscles antagonistes. Bien des procédés de développement musculaire sont basés sur ce principe ; ils peuvent donner des résultats *morphologiques* assez rapides ; mais ils ont de grands inconvénients.

L'un des plus dangereux est de forcer l'élève à une attention soutenue et de provoquer une fatigue nerveuse considérable. Or, il faut éviter absolument cette crispation fatigante de la volonté si l'on ne veut pas courir certains dangers et obtenir des résultats opposés à ceux que la méthode rationnelle se propose de fournir infailliblement, sans nuire au bon fonctionnement de tous les organes. L'enfant qui éprouve un malaise par suite des efforts nerveux auxquels sa volonté le contraint sera rapidement lassé de cette méthode.

En second lieu, le travail à mains libres, dans certains exercices, produit des mouvements brusques et saccadés, ou oblige à des contractions trop lentes et trop soutenues. C'est du travail surtout nerveux et trop peu musculaire. Les mouvements saccadés et les mouvements trop lents sont aussi peu recommandables les uns que les autres. Ceux-là ne donnent aucun développement musculaire, ceux-ci produisent de l'hypertrophie qui constitue une augmentation de volume des muscles, mais non un accroissement de force réelle.

Ce procédé peut également donner des développements asymétriques, et par suite inharmonieux, notamment dans les exercices des bras où la force quantitative de contraction nerveuse ne peut pas toujours être égale dans chaque bras.

Enfin, ce principe rend impraticable la culture physique à ceux qui en ont précisément le plus besoin, je veux dire aux malingres et à ceux qui n'ont pas encore ou ont perdu le sens et la perception de leur travail musculaire.

Il est donc indispensable de se servir d'haltères, si l'on veut, normalement et sans risques de fatigue, opposer une résistance à la contraction des muscles, comme ceux du bras et de l'épaule, pour l'entraînement desquels l'emploi des haltères est obligatoire.

Le poids de ces haltères peut varier dans d'assez sensibles proportions, tout en restant relativement léger. Au début, un adulte de force moyenne ne doit pas prendre plus de deux kilos dans chaque main ; une personne affaiblie, un obèse, un enfant, une femme, doivent se contenter d'un kilo et même de 500 grammes. Au bout d'un mois d'exercices, la résistance peut être augmentée respectivement pour les adultes à deux et trois kilos ; mais l'enfant ne doit pas dépasser un kilo. Ce n'est que lorsque l'élève sera bien développé et entraîné qu'on pourra lui mettre en mains des haltères d'un poids supérieur ; encore vaut-il mieux, au lieu d'élever le poids, augmenter le nombre des mouvements et de veiller à leur correction.

DESCRIPTION DES EXERCICES

PREMIÈRE DIVISION

Mouvements localisés
ayant pour but de développer les muscles
de la partie supérieure du tronc

PREMIER MOUVEMENT (Fig. 1.)

Position de départ. — Haltères en mains, se tenir droit, pieds joints, ventre rentré, poitrine saillante ; les bras allongés, pendants latéralement de chaque côté du corps ; la main, fermée sur l'haltère, a les doigts tournés vers la face latérale de la cuisse.

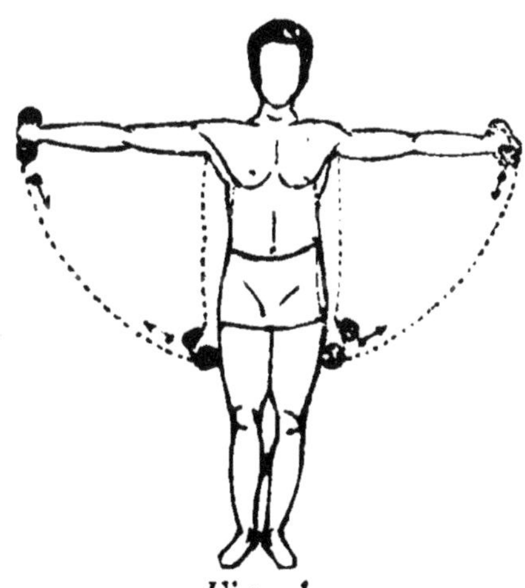
Fig. 1

Premier temps - Elever simultanément les deux bras tendus, de chaque côté du corps, dans le plan transversal de ce corps, jusqu'à ce qu'ils se trouvent en prolongement l'un de l'autre, dans la ligne des épaules ; ne pas les lever au-dessus de l'horizontale. Marquer un temps d'arrêt net, mais très court.

Deuxième temps. — Ramener les bras à leur

position de départ, par le chemin parcouru au premier temps

Il faut les ramener et non pas les laisser *tomber*, c'est-à-dire que l'action des muscles doit intervenir pour *ralentir* leur chute. Temps d'arrêt très court avant de recommencer le mouvement.

Répéter le mouvement de dix à vingt-cinq fois.

Inspiration au premier temps. Expiration au deuxième temps.

Cet exercice fait essentiellement travailler le *deltoïde*, muscle qui recouvre en *épaulette* tout le moignon de l'épaule.

DEUXIÈME MOUVEMENT (Fig. 2.)

Position de départ — Pieds joints, ventre rentré, poitrine bombée. Eviter soigneusement de se *cambrer* en arrière. Les bras tendus sont portés directement en avant du corps, bien horizontalement. Les mains, fermées sur les haltères, se regardent par leurs deuxièmes phalanges.

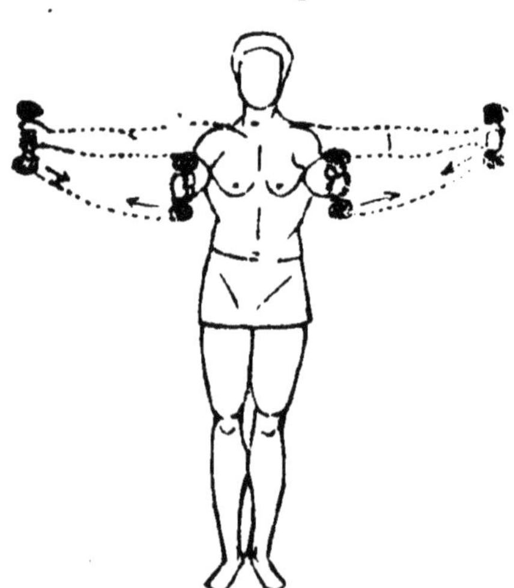

Fig. 2

Premier temps.— Ouvrir les bras tendus, dans le plan horizontal passant à hauteur des épaules, jusqu'à ce que les bras soient en croix. Les bras ne doivent pas passer en arrière du corps, mais s'immobiliser en un temps d'arrêt très court, dans le plan transversal du corps.

Deuxième temps. — Ramener les bras à la position de départ par le chemin parcouru au premier temps.

Répéter le mouvement de dix à vingt-cinq fois.

Inspiration au premier temps, expiration au deuxième temps.

Cet exercice fait travailler, au premier temps : le *grand rond*, le *grand dorsal*, le *sous* et le *sus-épineux*, une partie du *trapèze*, le *sous-scapulaire* ; au deuxième temps : le *grand* et le *petit pectoral*. Pendant toute la durée de l'exercice, le *deltoïde* a un rôle de soutien ; il s'oppose par sa contraction à la chute du bras, pendant que les autres muscles le font mouvoir.

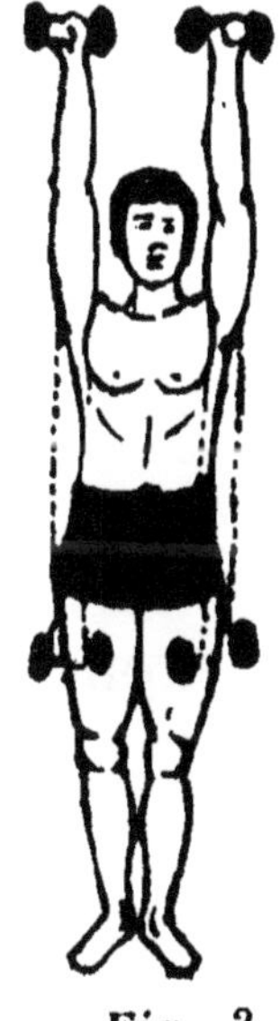

Fig. 3
Elévation simultanée

Troisième Mouvement (Fig. 3.)

Elévation simultanée

Position de départ. — Pieds joints, ventre rentré, poitrine saillante ; éviter la cambrure. Les bras tendus pendent en avant du corps, les mains fermées sur les haltères, ayant leurs phalanges contre la face antérieure des cuisses.

Premier temps. — Elever les bras tendus et parallèles jusqu'au-dessus de la tête de façon à ce qu'ils occupent une position verticale.

Deuxième temps. — Revenir à la position de départ par le chemin parcouru au premier temps, non en laissant *tomber les bras*, mais en retenant leur chute.

Répéter le mouvement de dix à vingt-cinq fois.

Inspiration au premier temps, expiration au second temps.

Cet exercice fait travaillerle *deltoïde* surtout dans sa partie antérieure, le *trapèze*, le *grand dorsal* et le *grand rond*.

Fig. 4
Elévation alternative

Variante (Fig. 4.)

Elévation alternative

Au lieu d'élever les deux bras ensemble, on peut les élever alternativement, un bras s'abaissant quand l'autre s'élève, de façon que tous deux se rencontrent tendus horizontalement au niveau des épaules.

Respirer en dissociant les temps respiratoires et les temps de l'exercice.

Répéter ce mouvement de dix à vingt-cinq fois.

Quatrième Mouvement (Fig. 5.)

Position de départ. — Pieds joints ; le tronc est

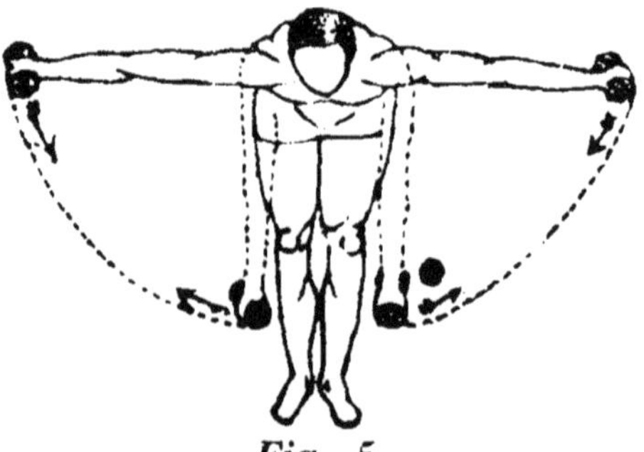

Fig. 5

fléchi à angle droit sur le bassin, de façon à être

horizontal : il faut garder cette horizontalité du tronc pendant toute la durée de l'exercice, malgré la tendance qu'on a à se relever ; la tête doit être redressée malgré la tendance qu'on a à la tenir fléchie ; il faut voir devant soi et non regarder ses pieds. Les bras pendent verticalement, les mains fermées sur les haltères se faisant face par leurs phalanges.

Premier temps. — Ouvrir les bras jusqu'à ce qu'ils se mettent en croix, dans le prolongement l'un de l'autre, dans la ligne des épaules. On a toujours tendance à les ouvrir en les ramenant en arrière, parce qu'ainsi le mouvement, exécuté par le *grand dorsal*, est plus facile ; il faut que les bras soient en croix, dans la ligne des épaules. Pendant le mouvement d'ouverture, le tronc ne doit pas bouger.

Deuxième temps. — Ramener — et non laisser tomber — les bras à leur position de départ, par le chemin parcouru au premier temps.

Répéter ce mouvement de dix à vingt-cinq fois.

Inspiration au premier temps, expiration au second temps.

Cet exercice, bien exécuté, est assez pénible. Il convient de ne le faire au début qu'avec haltères très légers. Il a pour effet de fortifier les fixateurs de l'omoplate à la colonne vertébrale, c'est-à-dire les muscles *rhomboïde* et *angulaire.* Dans cette position du tronc, le poids de l'haltère oppose directement sa résistance à la contraction de ces muscles.

*
* *

Chacun des quatre mouvements de cette première division doit être répété sans arrêt de dix à vingt-cinq fois. La respiration doit être réglée par les *temps* de ces mouvements, l'inspiration accompagnant leur premier temps, l'expiration le second ; et cela peut se faire malgré la rapidité des mouvements, si la fonction respiratoire est bien éduquée. Toutefois, si l'élève ne peut respirer vite qu'à la condition de respirer superficiellement, il faut lui faire dissocier les *temps* de l'exercice et les *temps* respiratoires, c'est-à-dire respirer lentement et à fond, tout en faisant les mouvements rapidement. En aucun cas, il ne faut travailler lentement. En outre, au début, il est bon d'intercaler entre chacun de ces exercices un mouvement respiratoire ou un mouvement abdominal. Plus tard, on peut en faire de suite deux, puis trois, et enfin enlever les quatre sans repos.

L'Épaule

Avant d'entrer dans la description des mouvements qui composent la deuxième division, je vais montrer qu'il est particulièrement utile de développer dans la plus large mesure la musculature de l'épaule.

Lorsque les épaules ne sont pas soutenues en bonne place par une musculature bien développée, lorsque leur forme n'est pas assurée par le relief de chairs assez abondantes, tout le haut du corps subit une déformation des plus disgracieuses. L'épaule roule en bas et en avant, la poitrine se creuse, les omoplates se décollent, le corps fléchit et la colonne vertébrale se coude.

Ces tares physiques se rencontrent spécialement chez les jeunes gens et chez les jeunes filles, au moment de leur croissance. Si, plus tard, elles sont moins frappantes, c'est que la graisse a comblé les vides, masqué les déviations, donné un volume apparent au cou trop grêle ; mais les conséquences physiologiques de l'insuffisance musculaire des épaules n'en subsistent pas moins ; les malheureux ont toujours une attitude vicieuse, une respiration superficielle, une cage thoracique sans expansion.

Ainsi le développement, l'entraînement de la musculature des épaules, se posent comme des points essentiels de la culture physique, car ses fonctions sont d'une importance considérable dans la formation normale et harmonieuse du tronc.

En effet, le bras, dont la dextérité caractérise notre race humaine, doit jouir autour de son articulation d'attache d'un jeu très étendu ; et, de fait, l'enfant, à sa naissance, peut faire jouer son bras autour de son épaule à peu près dans un plan vertical. Nous devrions conserver toute notre vie cette amplitude du mouvement de l'épaule, si, par l'exercice, nous entretenions en bon état ses surfaces articulaires et les muscles qui commandent son mouvement.

Afin d'obtenir ce jeu étendu, le bras ne s'articule pas directement au thorax, mais se rattache au tronc par l'intermédiaire d'un os mobile, *l'omoplate.* C'est en raison de la présence de cette pièce intermédiaire que l'atrophie des muscles de la région aboutit si aisément au déséquilibre de toute la partie supérieure du tronc.

L'omoplate sur laquelle joue le bras n'est en effet maintenue à sa place que par la contraction de nombreux muscles insérés tout autour d'elle ; il faut que ces muscles soient capables de l'immobiliser vigoureusement, lorsque le bras produit un effort sous une résistance importante (lever de poids, action de grimper, coups de poing, etc.).

Il est encore nécessaire que toute la musculature qui entoure l'omoplate soit symétriquement développée. Cela peut manquer même chez les athlètes, où la pratique constante d'un exercice spécial peut développer exclusivement les muscles fixateurs de l'omoplate à la colonne vertébrale, ou les muscles fixateurs de l'omoplate au bras.

Il peut arriver enfin qu'une omoplate soit bien fixée, mais à l'aide de muscles raidis par l'abus des exercices de force, de telle sorte que l'articulation de l'épaule, si elle est bien à sa place, manque totalement de souplesse. Ceci se rencontre particulièrement chez les athlètes très lourds et très robustes, leveurs de poids ou lutteurs.

Il faut cultiver à la fois la force et la souplesse de l'articulation de l'épaule. Il faut que le bras puisse décrire, dans le même plan, le cercle le plus parfait possible; mais il faut aussi que les muscles *deltoïde trapèze*, *sous-scapulaire*, *sous* et *sus-épineux*, *rhomboïde*, *angulaire* et *grand rond* soient harmonieusement et puissamment développés. Ce n'est qu'ainsi que, sans aboutir à l'attitude engoncée des gros lutteurs de profession, en conservant la vitesse et l'agilité, qualités essentielles du bras de l'homme, on se fera des épaules arrondies, maintenues à leur place; c'est ainsi qu'on obtiendra des omoplates bien fixées contre le dos et une colonne vertébrale pourvue de points d'appui suffisants pour qu'elle ne se voûte pas sous l'effet de la pesanteur.

DEUXIÈME DIVISION

GYMNASTIQUE ABDOMINALE

(Exercices ayant pour but de développer les muscles du ventre, d'assouplir et d'élonger la colonne vertébrale, de tonifier les muscles *lombaires* qui, situés sur les reins, sont les antagonistes des muscles de l'abdomen, particulièrement des *grands droits*.)

Comment développer la musculature abdominale

Les mouvements qui font intervenir la contraction des muscles abdominaux sont assez rares dans la vie courante. Jadis, l'homme préhistorique et celui des temps barbares, obligés de courir, de grimper, de se défendre, donnaient nécessairement à leurs muscles abdominaux un exercice quotidien considérable. Mais, depuis, la civilisation a enlevé tout travail actif à la paroi abdominale; la marche, le dernier exercice auquel la plupart des gens se soumettent, n'impose aux muscles abdominaux qu'une tension à peu près nulle; et c'est bien pour cela que le ventre de nos contemporains s'effondre ou se surcharge de graisse avec une fréquence déplorable.

Pour donner à notre paroi abdominale, la tonicité qu'elle doit avoir, il est nécessaire de lui imposer des exercices spéciaux ; même les personnes qui pratiquent assidûment les sports ont intérêt à imposer un travail rationnel à leur paroi abdominale alors que les exercices sportifs peuvent suffire amplement au développement des autres parties de leur corps.

Les muscles de la paroi abdominale, comme tous les autres, s'entraînent, se fortifient et se développent lorsqu'on leur fait produire des contractions *répétées*, en leur opposant une *légère résistance*. Pour réaliser cette résistance, nous n'avons plus besoin de faire appel à un poids, un haltère, un ressort ou un caoutchouc ; le poids du corps ou d'une de ses parties peut être directement opposé à la contraction des muscles abdominaux ; et cela réalise une résistance non seulement suffisante, mais qui pourrait, être exagérée si le sujet est insuffisamment entraîné.

Lorsqu'une paroi abdominale est particulièrement affaiblie ou infiltrée de graisse, il ne faut lui imposer, tout d'abord, que des mouvements exécutés *dans la station debout*, des flexions du buste d'avant en arrière, de droite à gauche, de légères torsions latérales, etc.. Ces mouvements sont faciles, n'exigent qu'un petit effort ; mais il ne faut compter sur eux que pour produire un entraînement de début, pour adapter les muscles abdominaux aux efforts plus intenses qu'on leur demandera lorsqu'il faudra exécuter les *mouvements à terre*.

Ces mouvements debout serviront tout d'abord à réhabituer les muscles à la contraction, à assouplir le torse, à amincir la taille. En les exécutant, il est facile de combiner avec « leurs temps » des mouvements respiratoires très efficaces ; il faut que l'*expiration* se fasse sur *le temps* où la paroi abdominale se contracte, *l'inspiration* sur *le temps* où cette paroi se relâche.

Exercices abdominaux

MOUVEMENTS DEBOUT

Premier Mouvement (Fig. 6)

Position de départ. — Debout, pieds réunis, jambes bien tendues, poitrine bombée et pleine d'air, mains hautes. Eviter de se cambrer en arrière ; il vaut mieux que tout le corps soit légèrement penché en avant.

Premier temps. — Fléchir le tronc sur le bassin en abaissant les bras tendus jusqu'à ce qu'on touche la pointe des pieds ; veiller à ne pas plier les jarrets. Si l'on ne parvient pas à toucher la pointe des pieds, aller aussi loin que possible, puis exécuter le deuxième temps.

Deuxième temps. — Redresser le tronc et relever les bras pour revenir à la position de départ.

Fig. 6

Pendant le premier temps, vider, par une longue expiration, la poitrine de tout l'air qu'elle contient. Pendant le second temps, en se relevant, inspirer profondément.

Répéter ce mouvement de dix à vingt-cinq fois.

Si, faute d'assouplissement de la colonne vertébrale, on était loin d'atteindre la pointe des pieds, il faudrait exécuter le mouvement avec une certaine rapidité, donner une sorte d'élan à la chute du tronc en avant; en une dizaine de mouvements, on gagne beaucoup d'allongement de la colonne vertébrale et on parvient assez vite à toucher la pointe des pieds.

Deuxième Mouvement. (Fig. 7).

Position de départ. — Les pieds écartés, jarrets tendus, les bras ouverts en croix bien horizontaux.

Premier temps. — Se baisser en faisant tourner le tronc sur le bassin, de telle sorte qu'une main se dirige vers le bord intérieur du pied opposé; la main

Fig. 7

droite, par exemple, vers le bord du pied gauche; l'autre bras reste dirigé en l'air dans le prolongement du premier; tout le thorax se tourne vers la gauche; la tête regarde vers la main restée en l'air. Pendant ce premier temps, expiration.

Deuxième temps. — Le tronc se *détord* et se relève; on revient à la position de départ. Pendant ce temps, inspiration.

Troisième temps. — Faire la même chose qu'au premier temps, mais du côté opposé. Expiration.

Quatrième temps. — Comme le deuxième. Inspiration.

Répéter ce mouvement de dix à vingt-cinq fois.

Au début, ce mouvement sera fait en fléchissant les jarrets, mais il faut arrriver à l'exécuter sans plier les genoux.

Troisième Mouvement (Fig. 8)

Position de départ. — Les pieds écartés, jarrets

Fig. 8

tendus, les bras dressés verticalement ; poitrine bombée, ventre rentré.

Premier temps. — Tourner franchement le tronc de côté ; puis se baisser et toucher des deux mains le bord extérieur du pied. *Expiration.*

Deuxième temps. — Relever le tronc et revenir à la position de départ. *Inspiration.*

Troisième temps — Comme le premier temps, mais du côté opposé. *Expiration.*

Quatrième temps. — Comme le deuxième. — *Inspiration.*

Répéter ce mouvement de dix à vingt-cinq fois.

Au début, on peut fléchir légèrement les jarrets. S'efforcer cependant de conserver les jambes tendues. Pour apprendre le mouvement, marquer d'abord nettement les divers temps ; puis, dès que l'exercice est correct, lier ensemble toutes ses phases : c'est plus élégant et meilleur pour l'assouplissement de la taille.

QUATRIÈME MOUVEMENT. (Fig 9.)

Position de départ. — Pieds écartés, jarrets tendus,

Fig. 9

tronc fléchi à *angle droit* sur le bassin, par conséquent *parallèle* au sol, bras écartés en croix ; la tête relevée par une contraction assez énergique de la nuque.

Premier temps. — Tourner le tronc sur le bassin jusqu'à ce que la tête ait décrit un quart de cercle et même un peu plus si possible.

Deuxième temps. — Ramener le tronc à sa position de départ, puis la dépassant, lui faire décrire un quart de cercle du côté opposé.

Le tronc horizontalement placé oscille ainsi alternativement de l'extrême droite à l'extrême gauche, les bras étant bien étendus, la tête relevée ; la difficulté est de conserver le tronc fléchi à angle droit bien parallèle au sol ; on a toujours tendance à se relever.

Inspiration sur un temps, expiration sur l'autre.

Répéter ce mouvement de dix à vingt-cinq fois.

*
* *

Outre leur action sur la paroi abdominale, ces quatre mouvements ont un grand effet d'assouplissement et d'élongation sur la colonne vertébrale et sur les articulations du bassin. Il n'est pas rare de voir, même chez des individus robustes, une certaine raideur de la colonne vertébrale au niveau des reins.

Exercices abdominaux

MOUVEMENTS A TERRE

Premier Mouvement. (Fig. 10.)

Position de départ. — Couché sur le dos, les bras allongés au-dessus de la tête, les mains reposant sur le sol par leur face dorsale ; les jambes tendues et les pieds joints.

Premier temps. — Les jambes restant tendues et bien posées sur le plancher, relever le tronc jusqu'à la position assise. Arrivé à la position assise, étendre les bras en avant, s'efforcer de coucher la poitrine sur les cuisses et toucher la pointe des pieds en conservant la rigidité des jambes.

Deuxième temps. — Se renverser en arrière aussi

Fig. 10

lentement que pour le premier temps, jusqu'à ce qu'on ait repris la position de départ.

Inspirer pendant le deuxième temps.

Expirer pendant le premier temps.

Répéter ce mouvement de dix à vingt-cinq fois.

Au début, pour l'exécution du premier temps, on se servira des bras comme balanciers pour *démarrer*. Lorsqu'on pourra faire ce mouvement facilement, on évitera cet aide, et dans la position de départ les bras seront croisés sur la poitrine, au lieu d'être allongés au-dessus de la tête.

Au cas où, par suite d'une trop forte différence de poids entre le tronc et les jambes, on ne pourrait se soulever, il faut engager les pieds sous une barre d'appui élevée à dix centimètres du plancher et fixée à celui-ci par deux supports.

Deuxième Mouvement (Fig. 11).

Position de départ. — Même position que dans le mouvement précédent, avec cette différence que les bras seront repliés et les mains placées sous la tête,

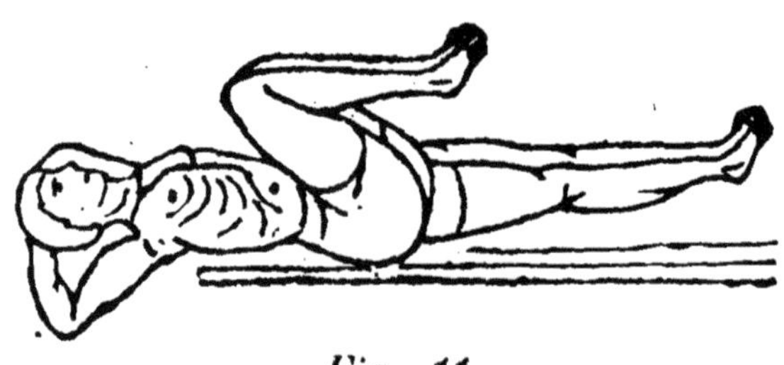

Fig. 11

les coudes touchant le sol ; les pieds devront être soulevés de quelques centimètres au-dessus du plancher et ne pas reposer sur celui-ci pendant toute la durée du mouvement.

Premier temps. — Ramener les genoux sur le ventre, le plus possible contre la partie supérieure de la poitrine, en pliant les jarrets.

Deuxième temps. — Allonger ensuite les jambes pour reprendre la position de départ, en ayant soin d'abaisser le plus possible la pointe des pieds. Pendant les deux temps du mouvement, les genoux doivent rester accolés.

A la fin du deuxième temps, ne pas toucher terre avec les pieds, passer de suite à la répétition dès que les jambes ont été complètement allongées.

Inspirer pendant le deuxième temps.

Expirer pendant le premier temps.

Répéter ce mouvement de dix à vingt-cinq fois.

Troisième Mouvement (Fig. 12).

Position de départ. — Même position que dans le mouvement précédent.

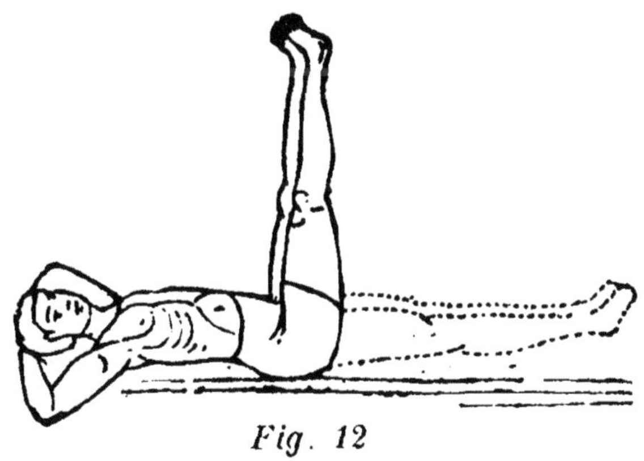

Fig. 12

Premier temps. — Lever les jambes en angle droit sans plier les genoux.

Deuxième temps. — Ramener les jambes à la position de départ.

Dans les deux temps les jambes doivent rester rigides et la pointe des pieds doit être allongée.

A la fin du deuxième temps, les jambes ne doivent pas être reposées à terre ; on doit repartir pour la répétition dès que les talons sont arrivés à 4 ou 5 centimètres du sol.

Inspirer pendant le deuxième temps.

Expirer pendant le premier temps.

Répéter ce mouvement de dix à vingt-cinq fois.

QUATRIÈME MOUVEMENT (Fig. 13).

Position de départ. — Se coucher à terre, sur le dos ; les mains sous la nuque. Relever les jambes

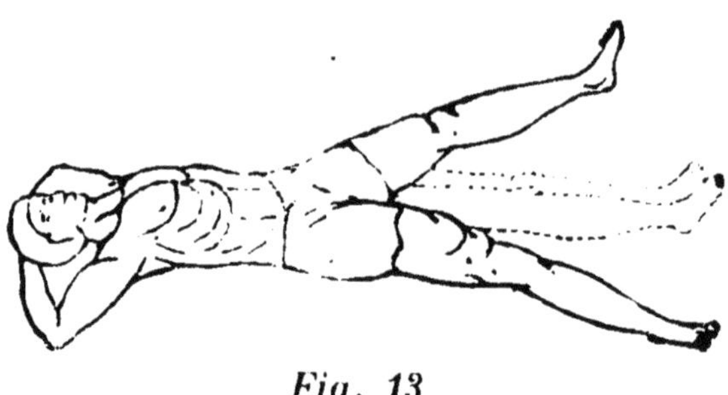

Fig. 13

tendues et accolées jusqu'à ce que le talon soit à 5 centimètres du sol. Allonger le pied complètement sur la jambe.

Premier temps. — Ouvrir horizontalement les deux jambes, le pied bien allongé, le jarret tout à fait étendu. L'ouverture doit être aussi large que possible. Il ne faut pas lever les jambes, mais les ouvrir en frôlant presque le sol.

Deuxième temps. — Ramener les jambes à la position de départ, toujours en frôlant le sol, les jarrets tendus. Reprendre le premier temps sans reposer les talons à terre.

Inspiration sur le premier temps.

Expiration sur le second temps.

Répéter ce mouvement de dix à vingt-cinq fois.

Au début, l'exercice peut être trop pénible pour être exécuté correctement, surtout pour les élèves qui ont les jambes lourdes ou grasses. On facilite l'exercice de diverses façons, en levant les jambes plus haut, jusqu'à former un angle de 45 degrés avec le sol ; en fléchissant les genoux, en reposant les talons à terre à la fin du deuxième temps.

Outre son action sur la musculature abdominale, ce mouvement développe et assouplit les abducteurs *et* adducteurs *de la cuisse.*

Le Ventre

La paroi abdominale doit être considérée comme la clef de voûte de toute l'architecture corporelle. Le ventre, en effet, est situé entre la cage thoracique et le bassin, deux portions du corps dont la forme est assurée par la rigidité relative de leur squelette osseux, et qui ne leur est relié que par la colonne vertébrale, tige éminemment flexible. En outre, le ventre n'est fermé qu'à l'aide de parois molles dont la déformation se produit très aisément.

C'est pourquoi il est indispensable de développer et de tonifier les muscles sanglant le ventre si l'on veut donner un point d'appui solide à tout le reste de notre musculature. Sitôt que cette paroi s'effondre, se distend, les autres muscles, si puissants qu'ils soient, deviennent incapables de maintenir le corps dans son attitude normale.

De plus, les troubles de la santé qui résultent de l'insuffisance des parois abdominales sont extrêmement graves, et l'on peut dire que c'est à la faveur de cette insuffisance que fleurissent si abondamment de nos jours les dyspepsies, dilatations, gastro-entérites, et autres déplorables affections qui, toutes, conduisent à la faiblesse générale et au détraquement nerveux.

La cavité abdominale peut être comparée à une boîte où sont contenus et rangés des viscères très importants ; la nature y a empilé *en bon ordre* l'intestin, l'estomac, le foie, la rate, les reins et quelques autres organes. Pour que le fonctionnement de ces organes se fasse avec la régularité indispensable au bon entretien de la vie, il faut que chacun d'eux garde sa place respective, parce que les vaisseaux qui leur apportent leurs matériaux de travail et les nerfs par lesquels leur arrive l'influx nécessaire à leur activité ont une longueur déterminée et suivent un chemin précis ; si les organes se déplacent, il se produit donc des coudures, des torsions, des tiraillements de ces vaisseaux et de ces nerfs ; cela met dans l'impossibilité l'arrivée et le départ des matériaux, détermine des crises douloureuses, en un mot rend pénible et parfois dangereux le fonctionnement de l'organe.

Les viscères doivent donc être exactement maintenus à leur place. Quelques brides fibreuses semblent pourvoir à cette mission ; mais elles sont bien incapables de supporter à elles seules le poids des organes qu'elles paraissent fixer dans une position déterminée. Si l'on compare le ventre à une malle bien remplie, ligaments et brides fibreuses n'ont pas d'autre utilité que celle des courroies qui maintiennent à leur rang les divers objets placés dans la malle ; on sait bien qu'au cas où la malle n'est pas parfaitement pleine et surtout si son couvercle solide n'est pas exactement fermé, tous les objets se mêlent, au moindre heurt, dans une affreuse confusion. Ce qui maintient l'ordre, ce qui évite le fâcheux gâchis, c'est, de toute évidence, le couvercle.

Le couvercle de la cavité abdominale, c'est sa *paroi musculaire*. Si cette paroi ne s'applique pas avec fermeté sur les organes contenus, si elle manque de force et de tonicité, c'est l'effondrement assuré des organes abdominaux ; ce sont les ptoses, les dilatations, les entérites, la faiblesse générale et la neurasthénie !

Le couvercle de la cavité abdominale est essentiellement constitué par les muscles *grands droits*, les muscles *obliques* et les *transverses*. Les *grands droits* sont ces deux bandes allongées et parallèles qui vont de la base de la poitrine jusqu'à la naissance des cuisses et qui se partagent en trois segments horizontaux, comme cela se remarque — trop rarement, hélas ! — sur la paroi abdominale des bons athlètes. Les *obliques*, comme leur nom le fait penser, descendent des parois latérales du thorax pour converger l'un vers l'autre au niveau du bas-ventre, où ils entre-croisent leurs dernières fibres. Les *transverses* doublent sur les flancs la fermeture des obliques.

Ces divers muscles se relient entre eux par des lames fibreuses, dont l'épaisseur et la résistance sont directement proportionnelles à la tonicité des muscles dont ils émanent. C'est lorsque ces lames fibreuses, ces *aponévroses*, manquent d'épaisseur et de cohésion, c'est quand elles ressemblent à une étoffe effilochée que les orifices naturels de la cavité abdominale se relâchent et permettent, par conséquent, aux viscères abdominaux de saillir à l'extérieur, c'est-à-dire de former des *hernies*.

Voilà donc trois excellentes raisons d'entraîner et de fortifier sa paroi abdominale. Il faut le faire d'abord pour être à même d'avoir une bonne attitude, ensuite pour avoir des organes abdominaux maintenus à leur place normale, enfin pour être à l'abri de la hernie et éviter toutes les infirmités pénibles et fort dangereuses dont notre ventre et notre santé peuvent avoir à souffrir.

La jeune fille a une quatrième raison de développer ses muscles abdominaux. Plus tard, lorsqu'elle sera femme, elle devra toujours entretenir en bon état sa paroi abdominale. Car cette paroi est destinée à subir une distension épargnée au sexe fort.

Dès la première maternité, si la paroi abdominale momentanément distendue n'est formée que d'un mauvais feutrage de grêles fibres musculaires, de graisse et de peau, ce tissu de qualité inférieure ne pourra revenir sur lui-même. Au contraire, qu'il soit consitué par du muscle vigoureux, il reviendra spontanément sur lui-même, parce que l'une des propriétés caractéristiques du muscle est précisément son élasticité, sa faculté de revenir à sa dimension normale lorsqu'il a été distendu.

Une bonne paroi abdominale doit être considérée par toute femme comme le rempart de sa beauté et de sa santé. Ce sera la plus efficace défense contre toutes ces affections douloureuses du ventre dont souffrent la majorité des femmes de notre époque.

La Cambrure des reins

Je crois utile d'appeler encore l'attention sur les multiples fonctions de la paroi musculaire de l'abdomen qu'il s'agit de fortifier.

Notons d'abord que cette musculature abdominale joue un grand rôle dans le maintien du corps en bonne attitude. C'est sa contraction, sa tension, qui font équilibre à la contraction, à la tension des muscles *lombaires*.

Ces muscles lombaires sont deux masses charnues fixées, en arrière de la colonne vertébrale, d'une part au bassin et, d'autre part, aux côtes et aux vertèbres. Ils sont extrêmement puissants, et leur effet est de courber en arrière la colonne vertébrale, au niveau des reins.

Les muscles abdominaux et particulièrement les *grands droits* ont pour effet, lorsqu'ils se contractent, de fléchir le tronc en avant ; et c'est ainsi qu'ils sont les *antagonistes* des muscles lombaires.

Pour que le corps soit maintenu dans une bonne attitude, il faut donc que lombaires et abdominaux soient proportionnellement développés ; mais c'est ce qui n'arrive pas le plus souvent.

Les muscles lombaires prennent une force, un développement assez notable même chez l'individu le plus paresseux, parce qu'il est indispensable qu'ils aient une certaine tonicité pour que l'homme puisse se tenir simplement debout. La paroi abdominale, au contraire, s'atrophie ou se distend de plus en plus. L'équilibre entre les deux groupes musculaires se trouve ainsi rompu, et il en résulte une fort mauvaise attitude, *la cambrure des reins*.

La plupart des gens qui se tiennent cambrés pensent se tenir droit, et même s'ils connaissent leur état, ils s'en font gloire, dans l'idée que c'est là une attitude parfaite ; le monsieur *qui porte beau* a généralement un dos séparé du bassin par une profonde vallée.

Or, cette attitude cambrée est très vicieuse ; elle ne peut exister qu'à la faveur d'une distension de la paroi abdominale ; un cambré, s'il n'est pas obèse, est un *distendu* ou un *ptosique ;* c'est-à-dire que si son ventre n'est pas gros, il est complètement relâché, et ous les organes qu'il contient ne peuvent rester à leur place.

En outre, la cambrure des reins entraîne nécessairement une seconde déviation de la colonne vertébrale en sens contraire de la première ; pour rattraper l'équilibre, le haut du corps, que la cambrure rejetterait loin en arrière, se reporte en avant grâce à une voussure, à une bosse qui se constitue dans la région du dos. C'est ce qu'on appelle en termes médicaux une *cyphose*, tandis que la cambrure des reins s'appelle *lordose*.

On comprend que ces deux déviations sont solidaires et que l'une est la conséquence de l'autre ; si beau qu'il se croit, un cambré est toujours un peu bossu ! Certes, le tailleur, en faisant bien tomber le veston, peut faire une beauté de cette déformation, mais est-ce une raison suffisante pour se croire bel homme ?

Pour redresser la cambrure des reins, ce qui revient à équilibrer le tronc sur le bassin, il faut donc rendre à la paroi abdominale sa force et sa tonicité normales. Chez un obèse, cela peut demander assez longtemps, puisqu'il faut faire disparaître l'infiltration graisseuse qui allonge et affaiblit les fibres musculaires. Chez les grêles, ceux qui se dévient faute de volume musculaire, on obtient, au contraire, des résultats assez rapides.

Les enfants et les adolescents qui se tiennent mal souffrent fréquemment de troubles digestifs, au point que quelques médecins ont attribué à ces troubles digestifs les déviations de la colonne vertébrale. Je crois plutôt que déviations et troubles digestifs proviennent d'une même cause : l'affaiblissement et la distension de la paroi abdominale ; car, précisément, ces déviations et ces dyspepsies juvéniles, contre lesquelles échouent les traitements les plus compliqués et les plus minutieux, cèdent le plus souvent avec une rapidité merveilleuse à la gymnastique abdominale.

En fait, une paroi abdominale bien musclée, outre qu'elle maintient à leur place tous les organes digestifs, équilibre exactement la tension des muscles lombaires, obligeant ainsi la colonne vertébrale à se tenir droite. Dès ce moment, la voussure compensatrice du dos devient non seulement inutile mais impossible à conserver, car elle rejetterait tout le corps en avant. Elle s'efface donc, et voilà toute la colonne vertébrale dressée en rectitude parfaite, depuis le bassin jusqu'à la base du crâne.

La paroi abdominale a encore à remplir une fonction des plus importantes, fonction que notre paresse lui enlève souvent au grand détriment d'ailleurs de notre santé. C'est une *fonction respiratoire.* Nous devrions exécuter le second temps de la respition, l'expiration, à l'aide de nos muscles abdominaux.

Les abdominaux sont en effet des expirateurs. Or, au contraire, nous laissons ces muscles se distendre pendant l'expiration d'une façon toute passive. Nous ne voyons pas la nécessité de vider notre poitrine à l'aide de la contraction de nos muscles abdominaux, parce que la simple pesanteur ramène à leur position d'expiration les côtes qu'ont soulevées les muscles inspirateurs. La loi du moindre effort nous joue ici un mauvais tour, car en supprimant leur tâche à nos abdominaux, nous leur permettons de s'affaiblir, de s'atrophier et de se distendre.

Il faut se refaire toute une éducation respiratoire pour obliger nos muscles abdominaux à remplir leur fonction expiratrice. Mais avec un peu de persévérance, on y parvient ; l'expiration abdominale devient instinctive ; et dès lors on est assuré de conserver pour le reste de ses jours un ventre plat bien sanglé, toujours défendu contre l'envahissement de la graisse.

TROISIÈME DIVISION

EXERCICES DESTINÉS A DÉVELOPPER ET TONIFIER LA MUSCULATURE DES JAMBES

Les Jambes

Bien que toutes les parties de notre corps aient besoin de culture physique, il faut reconnaître que nos jambes ont généralement moins à bénéficier des exercices méthodiques que les épaules, le thorax et le ventre.

C'est que l'homme, s'il a réduit au minimum les efforts de ses bras, de son dos et de ses reins, n'a pu supprimer complètement le travail de ses organes locomoteurs. Le plus infâme paresseux est obligé de se tenir sur ses jambes ; et si sa paresse l'a fait devenir gras, le poids à supporter n'en est que plus grand.

Ainsi les jambes et les cuisses, sans être belles, sont souvent suffisantes ; même, en raison de la structure grêle des bras et de l'aspect étriqué de la poitrine, leur volume paraît quelquefois disproportionné.

Malgré cette valeur relative des jambes, il ne faut pas les priver complètement d'exercices méthodiques.

Pour déterminer ce qu'il convient de faire, précisons ce qu'il faut à une bonne jambe ; la principale de ses qualités n'est certainement pas la grosseur, surtout si l'on envisage la jambe proprement dite, le *mollet.* Il peut y avoir intérêt à ce que la cuisse soit un peu charnue et massive ; mais il faut que la jambe soit légère, élancée, formée de muscles longs et agiles. La jambe n'est pas destinée, en effet, à fournir des efforts courts et considérables ; sa fonction est, au contraire, de subvenir à un travail *constant*, souvent très rapide et parfois longtemps soutenu. La puissance et l'adresse lui sont beaucoup moins nécessaires que la résistance et la vitesse. Ce sont là les qualités des muscles *allongés* et souples. On aurait donc grand tort de ne pas se contenter des 34 ou 35 centimètres de mollet dont la nature a gratifié le commun des mortels ; qu'importe que quelques hercules, quelques leveurs de poids se fassent gloire de 40 ou 42 ! Ils ne les doivent qu'à un travail anormal imposé à leurs mollets.

Par l'exercice, la jambe, loin d'augmenter de périmètre, peut assez souvent diminuer, d'abord par perte de graisse, mais aussi par amélioration de la circulation. C'est nécessairement dans les jambes que le sang a plus de tendance à stagner, parce que, pour revenir au cœur, il doit lutter contre la pesanteur. Sans que les jambes soient enflées ou variqueuses, il peut se produire des infiltrations, des extravasions de liquides séreux qui engorgent tous les tissus de la jambe, et lui donnent un volume assez flatteur. C'est le cas de toutes ces jambes sans relief musculaire, de forme bien arrondie, de peau lisse et bien tendue. Les contractions musculaires rythmées, ayant pour effet d'aider le sang à revenir au cœur, améliorent beaucoup cette circulation ralentie, de telle sorte que la jambe, devenant plus sèche, diminue de volume bien qu'elle augmente de valeur.

Pour développer, perfectionner et entraîner les jambes, le mieux et le plus intéressant est de pratiquer les sports de locomotion ; exceptons cependant la marche, sur laquelle il ne faut guère compter, à moins de la pratiquer d'une façon intensive et à allure forcée. Au pas habituel elle m'apparaît comme un exercice aussi insuffisant qu'il est agréable. Mais la course, le saut, le saut à la corde, pratiqués avec quelque assiduité, donne rapidement aux jambes toute la valeur dont elles sont capables.

Il est néanmoins utile, pour quiconque pratique la culture physique, de pouvoir exécuter sur place quelques mouvements destinés à entretenir la souplesse des jambes, la force des cuisses et l'amplitude de jeu des diverses articulations du bassin, du genou et de la cheville.

C'est pourquoi je vais seulement décrire deux mouvements fort simples : le premier fait travailler le *mollet* ; le second, le gros muscle antérieur de la cuisse, le *quadriceps fémoral.*

Je m'abstiendrai de décrire la course et les différents sauts, ces exercices étant connus de tous les enfants et ne faisant l'objet de difficultés que dans la manière de les pratiquer.

Premier Mouvement (Fig. 14)

Position de départ. — Se tenir bien droit, poitrine bombée, pieds joints, ventre rentré, en évitant toute cambrure des reins.

Premier temps. — Se dresser tout droit sur la pointe des pieds aussi haut que possible ; inspirer sur ce temps.

Deuxième temps. — Reposer les talons à terre, mais en redescendant doucement et non en se laissant tomber ; lorsque les talons sont revenus à terre, les mollets doivent se décontracter et ne se contracter de nouveau qu'au moment de reprendre le premier temps ; expiration sur ce deuxième temps.

Fig 14

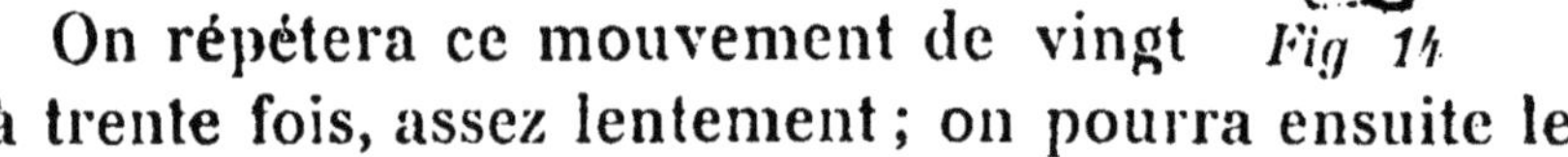

On répétera ce mouvement de vingt à trente fois, assez lentement ; on pourra ensuite le poursuivre à vitesse croissante jusqu'à la fatigue des mollets. Il est inutile, dès que le mouvement est rapide, d'associer le mouvement respiratoire.

Fig. 15

Deuxième Mouvement (Fig. 15)

Position de départ. — Se tenir droit, les bras pendants latéralement le long du corps, les pieds joints ; on peut avoir dans chaque main un haltère de 1 à 2 kilos.

Premier temps. — Fléchir à fond sur les jarrets en élevant devant soi les bras jusqu'à l'horizontale ; en même temps, les talons quittent le sol, à moins qu'ils n'y puissent rester sans qu'on perde l'équilibre.

Expiration sur ce temps.

Deuxième temps. — Se dresser pour revenir à la position de départ.

Inspiration bien à fond sur ce deuxième temps.

QUATRIÈME DIVISION

EXERCICES DESTINÉS A DÉVELOPPER ET FORTIFIER LA MUSCULATURE DES BRAS

Les Bras

Le développement du *biceps* ne constitue pas l'essentiel de la culture physique, comme quelques personnes ont tendance à le croire ; on doit même affirmer que ce n'en est qu'une partie accessoire.

Il faut accorder une importance primordiale au développement du thorax, de la sangle abdominale, au redressement du dos et à l'entraînement du cœur. Le gros biceps est un luxe qu'on ne doit rechercher que lorsqu'on possède le *nécessaire* !

Toutefois, des bras grêles sont inesthétiques au premier chef. Tout homme qui a le désir d'être bien bâti doit donc leur accorder quelques exercices. Ce faisant, il ne faut pas oublier que le bras comprend non seulement des muscles *fléchisseurs* situés à sa partie antérieure (*biceps et brachial antérieur*), mais aussi des muscles *extenseurs*, les trois faisceaux du *triceps* situés à sa partie postérieure.

La culture myologique du bras comprendra donc essentiellement un mouvement faisant intervenir la contraction des fléchisseurs de l'avant-bras et un mouvement faisant intervenir la contraction des extenseurs de l'avant-bras. Dans les deux exercices que je vais décrire, on verra que ces deux buts opposés ont été atteints par un mouvement identique qu'il suffit de faire exécuter dans deux positions différentes pour que le rôle actif soit dévolu à des muscles différents.

Dans la station droite (Fig. 16), lorsque l'avant-bras se fléchit sur le bras il faut que le biceps en se raccourcissant monte le poids jusqu'à l'épaule. Lorsque le corps est fléchi à angle droit sur les cuisses (Fig. 17), le coude restant collé au corps, le poids entraîne l'avant-bras vers le sol ; pour étendre cet avant-bras de façon à ce que tout le membre occupe une position horizontale, il faut que le triceps relève ce poids. Ainsi, par le simple jeu de l'avant-bras sur le bras, on obtient le développement des muscles qui commandent ce jeu.

Fig. 16

Premier Mouvement. — (Fig. 16.)

Pour le biceps

Position de départ. — Se tenir bien droit, les bras allongés pendants le long du corps, un haltère de 500 grammes à 2 kilos dans chaque main.

Premier temps. — Plier l'un des avant-bras jusqu'à ce que l'haltère soit à hauteur d'épaule. Le coude doit rester immobile, collé contre le corps ; le bras ne bouge donc pas non plus.

Deuxième temps. — L'avant-bras se déplie et redescend jusqu'à ce qu'il soit complètement allongé.

Expiration sur le premier temps.

Inspiration sur le deuxième temps.

Alternance

Les deux bras peuvent exécuter simultanément chacun de ces temps. Ils peuvent aussi les alterner, un avant-bras descendant quand l'autre remonte. L'effet obtenu est à peu près le même.

Par contre, cet effet peut être fort différent suivant la manière dont le mouvement est exécuté, et cette manière est fort variable. Il est mauvais de fléchir l'avant-bras par une brusque saccade, militairement ; c'est du travail plus nerveux que musculaire. Il est mauvais aussi de donner des contractions trop lentes, trop soutenues, plus fortes que ne l'exige le poids à soulever ; c'est encore du travail nerveux, d'un autre ordre, mais tout aussi peu recommandable.

La première façon ne donne aucun développement musculaire, la seconde en donne trop, en ce sens que le muscle hypertrophié a moins de force que le muscle normalement développé. Ce n'est pas une crispation fatigante de notre volonté, mais l'haltère qui doit opposer sa résistance à la contraction du biceps. Quand l'exercice devient trop facile, on augmente simplement le poids à soulever.

Deuxième Mouvement (Fig. 17)

Pour le triceps

Position de départ. — Se tenir les jambes tendues, les pieds joints, le corps bien fléchi à angle droit, de façon que le dos soit horizontal. La tête est relevée. Les coudes sont restés collés aux flancs, de sorte que les bras sont maintenus dans la position horizontale : ils ne doivent jamais quitter cette position pendant toute la durée de l'exercice.

Fig. 17

Premier temps. — L'avant-bras qui était fléchi sur le bras s'étend jusqu'à ce qu'il soit dirigé horizontalement dans le prolongement du bras.

Deuxième temps. — L'avant-bras revient à sa position de départ, se fléchissant sur le bras, jusqu'à ce que l'haltère soit en regard de l'épaule.

Expiration sur le premier temps.

Inspiration sur le deuxième temps.

Le travail de chaque bras peut être alterné avec celui de l'autre ; mais il est beaucoup plus facile de faire travailler simultanément les deux bras, quand on veut conserver au mouvement la correction indispensable.

* * *

Je ne décrirai pas, les exercices destinés à développer les muscles de l'avant-bras et de la main, à assouplir les articulations du coude et du poignet ces mouvements trouvant surtout leur application dans une méthode de culture physique supérieure qui a pour but un développement exceptionnel de la musculature.

D'ailleurs, ce développement est suffisamment obtenu par la simple pression des mains sur les haltères, le saut à la corde, les jeux de balle et de ballon.

TROISIÈME GROUPE

ENTRAINEMENT DU CŒUR ET DE LA RESPIRATION

Mouvements à intensité moyenne

Les Mouvements Généralisés

Les principaux groupes musculaires pourront, grâce aux exercices que j'ai décrits jusqu'ici, subir un premier entraînement et acquérir quelque développement. Les grandes articulations seront assouplies.

Après quelques mois de pratique, la méthode sera perfectionnée, étendue et élevée à un degré supérieur, sans changer les mouvements. Il est facile, en effet, d'améliorer les premiers résultats en variant la cadence, en augmentant le poids des haltères, en modifiant l'ordre dans lequel les exercices sont exécutés. Ainsi la paroi abdominale fournit un travail plus grand si on exécute consécutivement tous les mouvements qui mettent en jeu sa musculature que si l'on intercale entre ces divers mouvements des exercices de bras, de jambes ou de respiration.

Mais il est nécessaire aussi de faire entrer dans la série des mouvements un exercice moins *localisé* que ceux déjà décrits.

Les mouvements localisés, qui font intervenir la contraction d'un groupe musculaire bien déterminé, ont une action puissante sur le développement et l'entraînement de ce groupe musculaire. Mais ils ont un effet assez faible sur la tonification du cœur et l'élargissement du champ pulmonaire ; cela parce que le travail mécanique produit est insuffisant pour entraîner une accélération notable du cours sanguin, et pour nécessiter une plus grande absorption d'oxygène. Il s'ensuit que par des exercices *localisés* on peut développer sa musculature d'une façon *dangereuse*, en ce sens que cette musculature devient capable de grands efforts auxquels le cœur et les poumons ne sont pas adaptés. C'est l'inconvénient qu'ont signalé beaucoup de médecins de la Marine et de l'Armée anglaise, à l'époque où toute la jeunesse britannique s'était enthousiasmée pour le développement musculaire localisé, ces médecins ont été surpris que beaucoup de jeunes gens d'académie athlétique se révélassent incapables d'un exercice soutenu.

Il faut donc avoir bien soin, alors que la musculature se développe par des exercices *locaux*, de tonifier le cœur et d'éduquer la respiration par des *exercices généraux*.

Il faut entendre par *exercices généraux* ceux dont l'exécution demande l'intervention de toute la musculature du corps ou tout au moins de sa majeure partie. Dans ces mouvements, aucun muscle ne donne sa contraction maxima comme dans les exercices locaux, mais tous coordonnent des contractions moyennes pour accomplir avec énergie le mouvement. Il s'ensuit que leur effet est fort petit, presque nul, sur l'accroissement du muscle en volume, mais qu'il est très grand sur l'accélération de la circulation, sur l'élimination d'acide carbonique et sur l'absorption d'oxygène. A travers tous les muscles en action, le sang doit en effet courir précipitamment pour leur apporter des matériaux de travail : du sucre et de l'oxygène, et pour drainer les produits usés : les urates et l'acide carbonique. Aussi le cœur précipite ses battements, augmente sa poussée ; tandis que le thorax se mobilise largement et rapidement, afin que le poumon, dégorgeant l'acide carbonique, puisse assimiler l'oxygène.

Entraîner son cœur c'est acquérir du souffle, de la résistance, de l'entrain ; c'est être alerte, vif, toujours prêt à donner un effort physique ; c'est faire constamment passer au travers de son corps un sang riche et généreux, qui vivifie tous nos organes, chauffe notre poitrine, allège notre estomac et stimule notre cerveau.

Donc, les exercices généraux font *battre le cœur et essoufflent*. Bien que ce soient là deux phènomènes que certains ne voudraient jamais voir se produire chez les sujets soumis à une méthode de gymnastique rationnelle, il faut affirmer qu'il est indispensable de les provoquer parce que ce n'est qu'ainsi qu'on fait les cœurs solides et les poitrines profondes. Il ne faut, certes, le faire qu'avec la prudence nécessaire, la progression indispensable ; et c'est pourquoi, avant de se livrer aux sports — qui réalisent les meilleurs, mais aussi les plus violents mouvements *généralisés* — il est bon de faire entrer dans une série de culture physique quelques exercices méthodiques qui produisent ce travail généralisé de la musculature.

Je vais décrire un seul de ces exercices. C'est le mouvement du bûcheron qui abat sa hache sur le tronc d'arbre.

Pour tenir fermement la hache — ou l'haltère, — les muscles de l'avant-bras se contractent; pour la dresser, il faut qu'interviennent les extenseurs de l'avant-bras (triceps) et tous les fixateurs de l'épaule et de l'omoplate. Pour abattre la hache, il faut que travaillent les pectoraux et les abdominaux. Pour la relever, il faut un effort des fessiers, de la masse sacro-lombaire et du grand dorsal. Les muscles des jambes et des cuisses doivent aussi se tendre pour assurer l'équilibre. Enfin, l'inspiration profonde du second temps, l'expiration forte du premier, font intervenir l'action des muscles respirateurs. Ainsi la musculature presque tout entière participe à cet exercice qui constitue par conséquent un mouvement généralisé.

Description du Mouvement (Fig. 18)

Fig. 18

Position de départ. — Se tenir

les jambes bien écartées et tendues. Dresser aussi haut que possible les deux bras, avec dans chaque main un haltère assez lourd, 1 à cinq kilos ; ou bien, tenir dans chaque main une boule d'un seul haltère lourd.

Premier temps. — Abaisser énergiquement les bras, en pliant à fond le tronc, sur les cuisses, comme si l'on donnait un grand *coup de hache.* Il faut ployer assez pour voir à travers l'ouverture des jambes.

Deuxième temps. — Se relever pour revenir à la position de départ, en gardant toujours les bras tendus.

Accompagner ce temps de relèvement d'une aspiration longue et profonde, de façon que la poitrine soit toute pleine d'air quand les bras sont dressés. En donnant le coup de hache, vider la poitrine par une expiration énergique ; donner le « han » du bûcheron.

Tout le mouvement doit être exécuté avec énergie et vitesse pour remplir son but : l'entraînement du cœur et de l'appareil pulmonaire.

Dans le groupe des exercices généralisés, à moyenne intensité, entrent également les mouvements de saut à la corde, de saut en hauteur sans élan, de saut de la grenouille.

QUATRIÈME GROUPE

LES SPORTS

Mouvements généralisés à grande intensité

Le Rôle des Sports en Culture Physique

L'un des buts principaux de la Culture physique me paraît être d'adapter le corps à la pratique des sports athlétiques ; car ce n'est que par la pratique des sports athlétiques que l'organisme peut acquérir toute sa valeur.

Les sports sont, par conséquent, le *complément indispensable* de toute méthode de culture physique bien comprise. Certes, l'homme d'un certain âge qui ne sera venu à la culture physique que pour retrouver un peu de la force qui le quitte tous les jours, l'obèse, le dyspeptique, le neurasthénique, qui ne demandent – et avec grande raison – à la gymnastique rationnelle que de les débarrasser de leurs tares et de leurs infirmités, pourront difficilement se réadapter à la violence des jeux sportifs. En leur rendant simplement une santé normale, la culture physique fait plus que son devoir,

Mais le jeune homme bien portant, auquel la culture physique a donné en quelques mois une poitrine souple et large, des muscles puissants, et une académie harmonieuse, doit mener ce corps aux exploits physiques dont il est capable.

Les sports sont les meilleurs exercices généralisés que l'on puisse préconiser ; c'est par leur pratique que l'on peut équilibrer la force et la valeur de tous les organes. On comprend d'ailleurs, d'après ce que je viens de dire, que, si l'on se livre aux sports violents avant d'avoir acquis par la culture physique un développement corporel normal, on n'obtient que de piteux résultats ; souvent même on risque des accidents graves.

Quel sport vaut-il mieux pratiquer? On peut répondre de bien des façons à cette question. S'il s'agit d'un jeune homme qui cherche dans la pratique exclusive d'un sport tous les bénéfices de l'exercice rationnel, la réponse est difficile.

Certains sports cependant, la lutte, l'aviron, la boxe, le football-rugby font travailler la majeure partie de la musculature tout en exigeant du cœur et de la respiration un fonctionnement intense.

La meilleure solution serait à mon sens, pour un jeune homme bien construit, de pratiquer plusieurs sports à la fois.

C'était la méthode des Grecs, et on ne peut rien imaginer de mieux que les cinq exercices du *Pentathle* pour maintenir en vigueur, en santé et en énergie, des corps de jeunes gens bien développés. La lutte augmentait la force musculaire des éphèbes athéniens ; la course toniliait leur cœur et élargissait leur respiration ; le saut obligeait leurs muscles aux rapides détentes. le jet du disque les forçait à concentrer toutes les forces vives de leur organisme en un seul acte athlétique ; enfin, le jet du javelot exigeait de leur puissante musculature l'adresse et la précision.

On peut imaginer une série de mouvements athlétiques analogues au Pentathle des Grecs. On les retrouve même, à mon avis, synthétisés dans un seul sport, très à la mode depuis vingt ans, le Football-Rugby.

Qu'on me pardonne cette petite préférence ! Ma spécialisation dans ce sport, où j'ai acquis le titre de Champion de France et d'International, s'explique par la découverte que j'ai faite en lui de toutes les qualités qui font le robuste et courageux athlète. S'il développe les qualités physiques les plus précieuses, il met en jeu les qualités morales les plus utiles dans la vie : sang-froid, rapidité de jugement, décision, esprit de solidarité.

Il appartient, c'est certain, au groupe des sports violents ; il peut être dangereux pour ceux qui sont inaptes physiquement à le pratiquer, mais les jeunes gens bien développés antérieurement, par des mouvements rationnels de culture physique, peuvent s'y adonner sans craindre de courir aucun risque.

Si l'on pratique cinq ou six sports différents, il est bien difficile de briller également dans chacun d'eux. Mais il n'est pas nécessaire non plus de ne briller dans aucun.

Il est d'usage dans tout traité d'éducation physique, d'interdire la compétition acharnée, le record, la spécialisation. C'est ôter aux jeux sportifs leur principal attrait.

Je ne crois pas qu'il soit dangereux pour le jeune homme bien développé, adepte fervent de quatre ou cinq sports athlétiques, de constater sa valeur spéciale dans l'un d'eux. Il lui est même bon de s'efforcer de déployer dans un exercice son maximum d'énergie. Rien ne peut donner plus conscience de ce qu'on peut obtenir par la volonté.

La pratique intensive d'un sport n'a d'inconvénients marqués que pour celui qui dédaigne tous les autres en même temps que la culture physique.

La vraie formule serait donc :

« Dès que la culture physique vous aura doté de votre musculature normale, aura édifié votre corps en bonne attitude, entretenez votre organisme en vigueur, en santé et joie par la pratique de cinq ou six sports, dont quelques-uns au grand air. »

La course à pied, les sauts, le jet du poids et du disque, l'aviron, vous offrent d'excellents modes de sport individuels.

Le football est le sport d'équipe par excellence. La lutte et la boxe sont les sports de défense les plus violents, auxquels d'ailleurs on ne doit se livrer sérieusement que si l'on possède une résistance organique de premier ordre.

Tout en pratiquant les Sports, il est toujours utile et souvent nécessaire de revenir à la culture physique pure. Certes, le sportsman n'aura jamais besoin de se soumettre pendant longtemps à des séances de gymnastique rationnelle. Mais comme il abrégerait la durée de son entraînement et comme il augmenterait facilement sa valeur athlétique spéciale, s'il combattait par des exercices rationnels ses petites imperfections physiques ; s'il éduquait sa fonction respiratoire ; s'il stimulait le jeu de tous ses organes, en les soumettant de temps à autre à un travail méthodique ! Il suffit d'ailleurs, pour en être convaincu, de constater que les athlètes les plus réputés gagnent, entretiennent et conservent leur forme en faisant une large place dans leur entraînement à la *Culture Physique Rationnelle.*

CONCLUSION

Je souhaite de tout cœur que ce petit manuel d'éducation physique fasse la conquête de nombreux adeptes à la vérité, la simplicité et l'efficacité de la culture physique élémentaire. Adopté dans les Ecoles, il peut rendre de précieux services.

Je serai profondément heureux qu'il puisse prendre sa petite part à l'œuvre de régénération physique dont la création fait, à l'heure actuelle, en France, l'objet de la plus grande sollicitude de la part de nos gouvernants.

Un député de Paris, Monsieur Henry Paté, vient, en effet, de déposer une proposition de loi dans le but de rendre obligatoire l'enseignement de la culture physique dans toutes les écoles publiques ou privées.

Ce projet a trouvé auprès de tous nos députés un accueil bienveillant. Je puis affirmer qu'il a été pris en grande considération par le représentant de l'Indochine au Palais Bourbon, M. Outrey, que la santé des enfants dans notre colonie préoccupe au plus haut point.

On a compris en haut lieu, qu'à aucune époque, on n'a eu un plus grand besoin d'exercice physique raisonné. Dernièrement la Chambre des Députés a voté une somme de 100.000 francs, à titre de subvention accordée aux sociétés sportives, dans le but d'encourager la régénération de la race. Le conseil municipal de Paris a voté un crédit de 50.000 francs au « Comité national d'Education physique ».

Il nous faut, en toute logique, suivre ce grand exemple dans notre belle colonie d'Indochine, si nous désirons sa prospérité. Un pays ne peut, en effet, prospérer que si *ses enfants son trobustes physiquement et moralement.*

Or, rien n'est plus rare de nos jours que l'enfant en santé parfaite et que le jeune homme bien développé. Notre race est en voie de déchéance physique et si nous n'y prenons garde au plus tôt, nous ferons chaque jour un plus grand pas vers l'irréparable.

Notre corps, cependant, ne vient pas au monde avec des qualités ou des tares indélébiles. C'est un organisme qui, par son fonctionnement, entretient la vie ; et le rôle de ce fonctionnement est de lutter sans cesse contre toutes les forces du monde extérieur qui tendent à détraquer l'organisme et à dissoudre ses éléments pour les rendre au Grand Tout.

Dans cette lutte incessante, nous ne pouvons rester inactifs : nous prenons de la vie ou nous nous en laissons prendre ! Pour nous conserver malgré l'effort qui tend à nous détruire, il nous faut sans cesse améliorer nos qualités physiques, quelles qu'elles soient.

La pratique de la Culture Physique me paraît être le plus sûr moyen de lutter victorieusement contre toutes ces forces destructives et le procédé le plus rapide pour adapter l'organisme au travail musculaire soutenu et aux grands efforts dont il est normalement capable. La Culture Physique est aussi le plus puissant régénérateur vital, celui qui fait le plus rapidement rentrer dans la catégorie des normaux tous les affaiblis et les tarés, grêles, obèses, pléthoriques, dyspeptiques et neurasthéniques.

C'est donc par l'exercice physique, par la culture rationnelle de notre corps, que nous devons régénérer notre race. C'est par lui que nous devons nous entretenir en jeunesse, en force et en joie. Négliger de donner à notre corps les soins qu'il réclame, c'est se condamner à une vie courte, semée d'infirmités, et pleine d'ennuis.

C'est également aller à l'encontre de nos intérêts nationaux, c'est faire œuvre d'anti-patriotisme.

Efforçons-nous donc, de conserver au moins les qualités physiques de notre race, de les transmettre avec de l'énergie à nos descendants. Fussions-nous, quant au reste, des inutiles et des oisifs, que nous n'en rendrions par moins un grand service à notre pays, pour avoir maintenu la race française.

APPENDICE

Ce petit manuel ne contient, je le repète, que les éléments primordiaux d'une bonne éducation physique pédagogique, constituant l'enseignement *primaire* de la Culture Physique.

Sans prétendre à un développement corporel supérieur, ces notions élémentaires sont suffisantes pour les enfants et les débutants ainsi que pour les malades.

J'ai jugé inutile, pour ne pas compliquer cette théorie, qui s'adresse surtout à des écoliers, de décrire des exercices complémentaires appartenant à la Méthode Supérieure d'éducation physique et par conséquent plus difficiles à exécuter, mais dont la nécessité, si elle se trouve indiquée, ne peut échapper à un bon professeur qui doit en ordonner l'exécution.

Je ne suis pas entré, pour les mêmes raisons, dans la description des mouvements généralisés tels que *la course, les sauts, les lancements, le grimper, les jeux, la défense par les moyens naturels*, autant d'exercices qui nécessiteraient une étude particulièrement approfondie pour chacun d'eux.

Un professeur de Culture Physique, vraiment digne de ce nom, doit posséder à fond la technique de ces exercices et savoir les appliquer judicieusement au cours de son enseignement.

L'étude de la méthode supérieure qui constitue l'enseignement *secondaire* de la Culture Physique ne peut être entreprise que lorsque les élèves possèdent nettement les premières notions indispensables à tout pratiquant.

Je me propose d'ailleurs de publier, plus tard, cette méthode dont l'application intégrale est indispensable au développement normal et complet du corps humain.

Ch. Vareilles.

TABLE DES MATIÈRES

Troisième groupe

Quatrième groupe

TABLEAU D'EXERCICES

A

B

C

MOUVEMENT RESPIRATOIRE TYPE. — Inspiration par soulèvement du thorax — Expiration par contraction de la paroi abdominale (*page 27*)

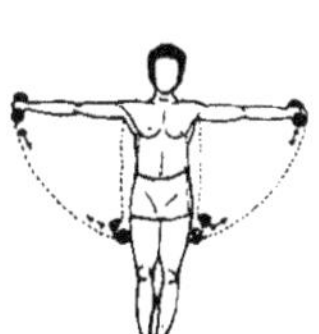

1 (page 49)

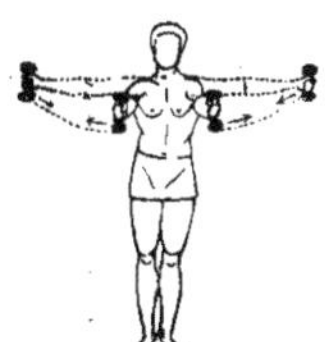
2 (page 50)

3 (page 51)

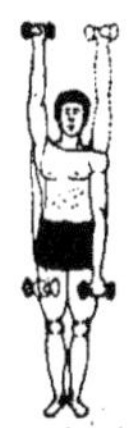
4 (page 52)

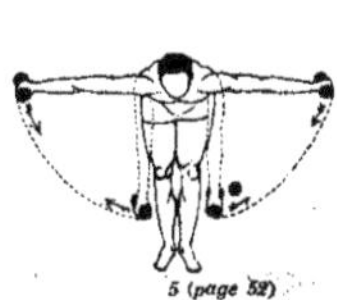
5 (page 52)

Exercices développant les muscles des épaules, du dos, de la nuque et du thorax. Ils sont également respiratoires

6 (page 62)

7 (page 63)

8 (page 64)

9 (page 65)

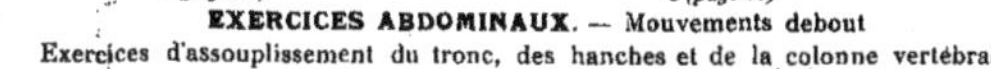
EXERCICES ABDOMINAUX. — Mouvements debout
Exercices d'assouplissement du tronc, des hanches et de la colonne vertébrale

10 (page 67)

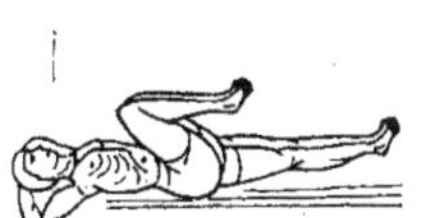
11 (page 68)

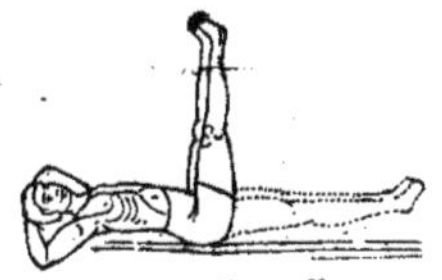
12 (page 69)

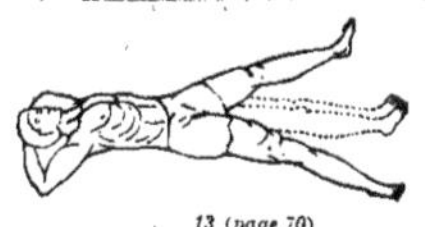
13 (page 70)

EXERCICES ABDOMINAUX. — Mouvements à terre
Exercices développant essentiellement la paroi abdominale

14

15

16 (page 88)

17 (page 90)

6 (*page 62*)

7 (*page 63*)

8 (*page 64*)

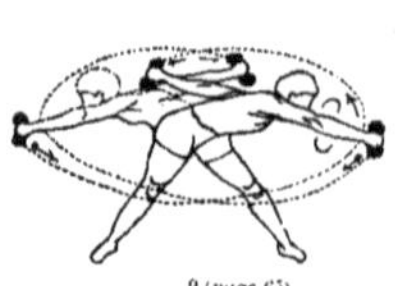

9 (*page 65*)

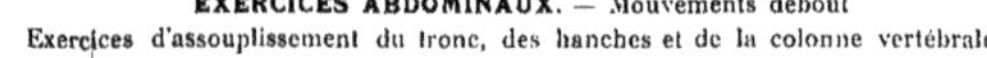

EXERCICES ABDOMINAUX. — Mouvements debout

Exercices d'assouplissement du tronc, des hanches et de la colonne vertébrale

10 (*page 67*)

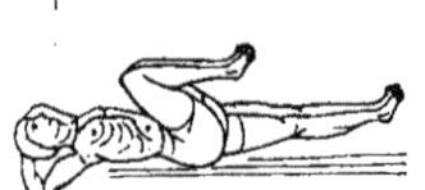

11 (*page 68*)

12 (*page 69*)

13 (*page 70*)

EXERCICES ABDOMINAUX. — Mouvements à terre

Exercices développant essentiellement la paroi abdominale

14

15

Exercices des jambes (*page 84*)

16 (*page 88*)

17 (*page 90*)

Exercices des bras

18 (*page 96*)

Entraînement du Cœur et de la Respiration

CAS PARTICULIERS

Il n'est à peu près personne qui puisse se considérer comme absolument normal.
Il s'ensuit que chacun a intérêt à exécuter de préférence certains exercices.
Ce choix devra s'inspirer des explications ci-dessous, les numéros des mouvements correspondant aux numéros des figures du tableau.

Mouvement A B C. — Mouvement respiratoire type. Régularisation des fonctions du Cœur et des Poumons. Extension du champ pulmonaire.

Mouvements 1-2-3-4-5. — Exercices développant les muscles des épaules, du dos, de la nuque et du thorax. Ils sont aussi respiratoires.

Mouvements 6-7-8-9. — Exercices d'assouplissement du tronc, des hanches et de la colonne vertébrale. Développement des muscles abdominaux et principalement des muscles expirateurs de l'abdomen. Développement des muscles lombaires.

Mouvements 10-11-12-13. — Exercices développant essentiellement la paroi abdominale et stimulant les fonctions des organes digestifs.

Mouvements 14-15. — Exercices développant les muscles des cuisses et des jambes. On doit leur adjoindre des exercices de saut à la corde et de course sur place.

Mouvements 16-17. — Exercices développant la musculature des bras.

Mouvement 18. — Exercice généralisé tonifiant le ceur entraînant la respiration, accélérant les échanges nutritifs, provoquant la sudation.

Il faut compléter cet exercice par des sauts et une course de longue durée.

EXERCICES MÉDICAUX

Affections des voies respiratoires : bronchite, asthme, emphysème, suites de pneumonie et de pleurésie. — A traiter par les exercices A. B. C. et ensuite 1-2-3-4-5-6-7-8 9, progressivement.

Etroitesse de poitrine, dos voûté. — A traiter par les exercices 1-2-3-4-5, accompagnés de larges mouvements respiratoires.

Mauvaises attitudes — Déviations vertébrales — Cambrure des reins — Raideurs articulaires. — A traiter par les exercices 1-2-3 4-5-6-7-8-9.

Il faut particulièrement obtenir un bon entraînement qui permette l'exécution énergique de tous ces mouvements.

Troubles digestifs — [illegible]. — **A traiter par les exercices 6-7-8-9-10-11-12-13-14, exécutés de préférence** une heure avant le repas du soir.

Obésité. — A traiter par les exercices 6-7-8-9, après entraînement préalable et avec régime alimentaire associé. Un peu plus tard les exercices 10-11-12-13-14. — Enfin l'exercice 18 accompagné de sauts et de course sur place.

Arthritisme — Nervosité — Neurasthénie. — A traiter par tous les exercices du tableau, exécutés en souplesse et en vitesse. Puis du saut à la corde et du trot sur place. Arriver à la transpiration, résultat qui peut n'être atteint qu'après une assez longue période d'entraînement.

Les jeunes filles doivent travailler surtout les exercices 6-7-8-9 (souplesse, bonne attitude) et les exercices 10-11-12-13 (tonification de la paroi abdominale). Comme exercice général, le saut à la corde, les jeux.

∴

Il peut se présenter bien d'autres cas particuliers si nombreux que je ne peux les exposer tous. Mais les exemples que j'ai donnés doivent suffire pour permettre un choix d'exercices dont pourrait plus particulièrement avoir besoin un élève ou un malade.

Il ne faut pas oublier que chaque séance de Culture Physique doit être suivie d'une douche froide et de courte durée. Celle-ci ne doit être prise que lorsque l'essoufflement, provoqué par l'intensité des exercices. a cessé et que le cœur a repris ses battements normaux.

INSTITUT

de Physiothérapie et Massothérapie

Directeur : M. CH. VAREILLES

50, rue Richaud — Saigon

Massage Chirurgical et Médical

Massage localisé

Traitement scientifique des fractures, luxations, entorses, foulures, atrophies musculaires, raideurs articulaires, ruptures musculaires et ligamenteuses (coups de fouet), arthrites, hydarthroses, sciatiques, lumbagos, torticolis, ankyloses, rhumatismes articulaires, troubles vasculaires (œdème), épanchements de synovie, ecchymoses, douleurs névralgiques, contusions.

Impotences fonctionnelles (musculaires et articulaires)
Mobilisation des articulations

Traitement des affections de l'estomac et de l'intestin : Constipation, gastro-entérite, gastropathies (gastrite), dilatation de l'estomac, dyspepsie, diarrhée, atonie intestinale, faiblesse de la sangle abdominale.

Traitement des maladies du système nerveux : Troubles nerveux, lésions nerveuses, paralysies incomplètes (hémiplégie, paraplégie), mobilisation des membres, neurasthénie, névralgies, tics, insomnies, vertiges.

Traitement des affections du foie et des voies biliaires : Régularisation des fonctions du foie, congestion du foie paludéennes, cirrhoses dégénérescences du foie, insuffisance hépatique.

Traitement des affections des reins : Dégénérescence des reins, néphrites chroniques.

Traitement des maladies et des faiblesses constitutionnelles des organes génitaux de la femme : Massage et exercices gynécologiques d'après la méthode de **Thure Brandt.** Dissociation des cicatrices et des adhérences.

Massage généralisé

Traitement contre la faiblesse musculaire et nerveuse Suppression des courbatures. Amaigrissement pour les personnes d'un embonpoint excessif. Donne et entretient l'élégance des formes. Procure la vigueur et assouplit les articulations.

Traitement spécial de l'obésité, de l'anémie, du diabète sucré, de la goutte, par le massage et la Culture physique.

Physiothérapie

Traitement des déviations de la colonne vertébrale par la Kinésithérapie et la Massothérapie : Gibbosités (scoliose, cyphose, lordose). Correction des mauvaises attitudes, saillies des omoplates, difformités du buste, faiblesses de la croissance.

Kinésithérapie

Médication par le mouvement raisonné. — Mouvements actifs et passifs

---

Massage électrique par le vibro-masseur

Pour différents cas, le traitement de Massothérapie est précédé d'exercices rationnels et médicaux.

Pour les personnes qui en font la demande et pour les malades ne pouvant se déplacer, les traitements se font à domicile.

Les malades peuvent être assurés de la plus grand discrétion.

www.ingramcontent.com/pod-product-compliance
Ingram Content Group UK Ltd.
Pitfield, Milton Keynes, MK11 3LW, UK
UKHW020114240726
13926UKWH00011B/1448